Les Délices de la Cuisine Chinoise
Un Voyage Gourmand en Orient

Élise Chen

Indice

Bœuf croustillant à la sauce curry 10
Rôti de Boeuf au Curry 11
Boeuf Frit Au Curry 12
Viande à l'ail 13
Boeuf au Gingembre 14
Ragoût de Bœuf Rouge au Gingembre 16
Boeuf aux Haricots Verts 17
Viande chaude 18
Morceaux de viande chaude 19
Boeuf au Mangetout 21
Rôti de Boeuf Mariné 22
Viande frite et champignons 23
Viande Frite Marinée 24
Rôti de Bœuf aux Champignons 26
Boeuf Frit avec Nouilles 28
Bœuf aux nouilles de riz 29
Viande à l'oignon 30
Viande et petits pois 31
Bœuf craquelé aux oignons frits 32
Viande aux écorces d'orange séchées 33
Viande à la sauce d'huîtres 34
Viande au Poivre 35
Steak au poivre 36
Boeuf aux Poivrons 37
Morceaux de viande frits au poivre vert 38
Bœuf aux cornichons chinois 39
Steak aux pommes de terre 40
Viande Cuite Rouge 41
Viande salée 42
Boeuf haché 43
Râpé de bœuf façon familiale 44
Viande hachée assaisonnée 46

Bœuf mariné aux épinards	47
Bœuf aux haricots noirs et oignons verts	48
Boeuf Frit à la Ciboulette	50
Viande et ciboulette avec sauce de poisson	51
Viande cuite à la vapeur	52
Ragoût de bœuf	53
Poitrine de bœuf mijotée	54
Viande braisée	55
Lanières de steak	57
Bœuf cuit à la vapeur et patates douces	58
Filet de bœuf	59
Toasts à la viande	60
Viande râpée au tofu et poivre	61
Viande au goût de tomate	62
Ragoût de Bœuf Rouge aux Navets	63
Viande aux légumes	64
Viande mijotée	66
Steak farci	67
Boulettes De Viande	68
Boulettes de viande croustillantes	70
Viande hachée aux noix de cajou	71
Viande en Sauce Rouge	72
Raviolis à la Viande avec Riz Gluant	73
Boulettes de viande à la sauce aigre-douce	74
Pouding à la viande cuit à la vapeur	77
Viande hachée cuite à la vapeur	78
Viande hachée frite à la sauce d'huîtres	79
roulés de viande	80
Dumplings à la viande et aux épinards	81
Boeuf Frit au Tofu	82
Agneau aux Asperges	83
Agneau rôti	84
Agneau aux Haricots Verts	85
Agneau rôti	86
Agneau au Brocoli	87
Agneau aux châtaignes d'eau	88

Agneau au chou	89
Chow Mein à l'Agneau	90
Curry d'agneau	92
Agneau Parfumé	93
Cubes d'agneau grillés	94
Agneau au Mangetout	95
Agneau mariné	96
Agneau aux Champignons	97
Agneau à la Sauce aux Huîtres	98
Agneau Cuit Rouge	99
Agneau à la ciboulette	100
Steaks d'agneau tendres	101
ragoût d'agneau	102
Agneau frit	104
Agneau et Légumes	105
Agneau au Tofu	107
agneau rôti	109
Agneau rôti à la moutarde	110
Poitrine d'agneau farcie	111
Agneau rôti	112
Agneau et Riz	113
Agneau Saule	114
Porc aux Amandes	115
Porc aux Pousses de Bambou	116
Porc rôti	117
Porc et germes de soja	118
Poulet Frit Simple	120
Poulet à la sauce tomate	121
Poulet à la Tomate	122
Poulet poché à la tomate	123
Poulet et tomates avec sauce aux haricots noirs	124
Poulet cuit rapidement avec des légumes	125
Poulet aux noix	126
Poulet aux noix	127
Poulet aux châtaignes d'eau	128
Poulet salé aux châtaignes d'eau	129

Wonton au poulet *130*
Ailes de poulet croustillantes *131*
Ailes de poulet aux cinq épices *132*
Ailes de poulet marinées *133*
Vraies ailes de poulet *135*
Ailes de poulet assaisonnées *136*
Pilons de poulet au four *137*
Pilons de poulet hoisin *138*
Poulet rôti *139*
Poulet frit croustillant *140*
Poulet entier frit *141*
Poulet aux cinq épices *142*
Poulet au gingembre et ciboulette *144*
poulet poché *145*
Poulet bouilli rouge *146*
Poulet assaisonné bouilli rouge *147*
Poulet rôti au sésame *148*
Poulet à la sauce soja *149*
Poulet cuit à la vapeur *150*
Poulet cuit à la vapeur à l'anis *151*
Poulet au goût étrange *152*
Morceaux de poulet croustillants *153*
Poulet aux Haricots Verts *154*
Poulet mijoté à l'ananas *155*
Poulet aux poivrons et tomates *156*
Poulet au sésame *157*
Poulets frits *158*
Türkiye avec Mangetout *159*
Dinde aux poivrons *161*
Dinde rôtie à la chinoise *163*
Dinde aux noix et champignons *164*
Canard aux Pousses de Bambou *165*
Canard aux germes de soja *166*
Canard rôti *167*
Canard vapeur au céleri *168*
Canard au Gingembre *169*

Canard aux Haricots Verts	170
Canard Frit à la Vapeur	171
Canard aux Fruits Exotiques	172
Canard rôti aux feuilles de Chine	174
Canard ivre	175
Canard aux cinq épices	176
Canard Frit au Gingembre	177
Canard au Jambon et Poireaux	178
Canard rôti au miel	179
Canard rôti moelleux	180
Canard Frit aux Champignons	181
Canard aux Deux Champignons	183
Canard rôti à l'oignon	184
Canard à l'orange	186
Canard Rôti à L'Orange	187
Canard aux Poires et Châtaignes	188
Canard laqué	189
Canard rôti à l'ananas	192
Canard Frit à l'Ananas	192
Canard à l'Ananas et au Gingembre	193
Canard à l'Ananas et Litchis	194
Canard au Porc et Châtaignes	196
Canard aux pommes de terre	196
Canard bouilli rouge	199
Canard rôti au vin de riz	200
Canard cuit à la vapeur avec du vin de riz	201
Canard Salé	202
Canard Salé Aux Haricots Verts	203
Canard mijoté	204
Canard Frit	206
Canard à la Patate Douce	207
Canard aigre-doux	209
Canard mandarine	210
Canard aux Légumes	211
Canard Frit Aux Légumes	213
Compote de Canard Blanc	214

Canard au vin *215*
Canard Vin-Vapeur *216*

Bœuf croustillant à la sauce curry

Pour 4 personnes

1 œuf battu

15 ml/1 cuillère à soupe de farine de maïs (amidon de maïs)

5 ml/1 cuillère à café de bicarbonate de soude (bicarbonate de soude)

15 ml/1 cuillère à soupe de vin de riz ou de xérès sec

15 ml/1 cuillère à soupe de sauce soja

225 g/8 oz de bœuf maigre, tranché

90 ml/6 cuillères à soupe d'huile

100 g de pâte de curry

Mélangez l'œuf, la maïzena, le bicarbonate de soude, le vin ou le xérès et la sauce soja. Ajouter la viande et 15 ml/1 cuillère à soupe d'huile. Faites chauffer le reste de l'huile et faites frire le mélange de viande et d'œufs pendant 2 minutes. Retirez la viande et égouttez l'huile. Ajoutez la pâte de curry dans la poêle et portez à ébullition, puis remettez la viande dans la poêle, remuez bien et servez.

Rôti de Boeuf au Curry

Pour 4 personnes

45 ml/3 cuillères à soupe d'huile d'arachide

5 ml/1 cuillère à café de sel

1 gousse d'ail écrasée

450 g/1 lb de steak en cubes

4 oignons verts (oignons verts), tranchés

1 tranche de racine de gingembre hachée

30 ml/2 cuillères à soupe de poudre de curry

15 ml/1 cuillère à soupe de vin de riz ou de xérès sec

15 ml/1 cuillère à soupe de sucre

400 ml/14 fl oz/1¬œ tasse de bouillon de bœuf

15 ml/1 cuillère à soupe de farine de maïs (amidon de maïs)

45 ml/3 cuillères à soupe d'eau

Faites chauffer l'huile d'olive et faites revenir le sel et l'ail jusqu'à ce qu'ils soient légèrement dorés. Ajouter le steak et incorporer l'huile, puis ajouter l'oignon nouveau et le gingembre et faire revenir jusqu'à ce que la viande soit dorée de tous les côtés. Ajoutez la poudre de curry et faites revenir 1 minute. Ajoutez le vin ou le xérès et le sucre, puis ajoutez le bouillon, portez à ébullition, couvrez et laissez cuire environ 35 minutes jusqu'à ce que la viande soit tendre. Mélanger la farine de maïs et l'eau jusqu'à former une pâte, ajouter à la sauce et cuire en remuant jusqu'à ce que la sauce épaississe.

Boeuf Frit Au Curry

Pour 4 personnes

225 g/8 oz de viande maigre
30 ml/2 cuillères à soupe d'huile d'arachide
1 gros oignon, tranché
30 ml/2 cuillères à soupe de poudre de curry
1 tranche de racine de gingembre hachée
15 ml/1 cuillère à soupe de vin de riz ou de xérès sec
120 ml/4 fl oz/¬Ω tasse de bouillon de bœuf
5 ml/1 cuillère à café de sucre
15 ml/1 cuillère à soupe de farine de maïs (amidon de maïs)
45 ml/3 cuillères à soupe d'eau

Coupez la viande en fines tranches à contre-courant. Faites chauffer l'huile et faites revenir l'oignon jusqu'à ce qu'il soit translucide. Ajoutez le curry et le gingembre et faites revenir quelques secondes. Ajouter la viande et faire revenir jusqu'à ce qu'elle soit dorée. Ajoutez le vin ou le xérès et le bouillon, portez à ébullition, couvrez et laissez cuire environ 5 minutes jusqu'à ce que la viande soit bien cuite. Mélangez le sucre,

farine de maïs et eau, incorporer dans la poêle et cuire en remuant jusqu'à ce que la sauce épaississe.

Viande à l'ail

Pour 4 personnes

350 g/12 oz de bœuf maigre, tranché

4 gousses d'ail tranchées

1 piment rouge tranché

45 ml/3 cuillères à soupe de sauce soja

45 ml/3 cuillères à soupe d'huile d'arachide

5 ml/1 cuillère à café de farine de maïs (amidon de maïs)

15 ml/1 cuillère à soupe d'eau

Mélangez la viande avec l'ail, le piment et 30 ml/2 cuillères à soupe de sauce soja et laissez reposer 30 minutes en remuant de temps en temps. Faites chauffer l'huile et faites frire le mélange de viande pendant quelques minutes jusqu'à ce qu'il soit presque cuit. Mélangez le reste des ingrédients jusqu'à formation d'une pâte, ajoutez-les à la poêle et poursuivez la friture jusqu'à ce que la viande soit cuite.

Boeuf au Gingembre

Pour 4 personnes

15 ml/1 cuillère à soupe d'huile d'arachide
450 g/1 lb de bœuf maigre, tranché
1 oignon, tranché finement
2 gousses d'ail écrasées
2 morceaux de gingembre confit, tranché finement
15 ml/1 cuillère à soupe de sauce soja
150 ml/¬° pt/généreuse ¬Ω tasse d'eau
2 branches de céleri, coupées en diagonale
5 ml/1 cuillère à café de sel

Faites chauffer l'huile et faites revenir la viande, l'oignon et l'ail jusqu'à ce qu'ils soient légèrement dorés. Ajouter le gingembre, la sauce soja et l'eau, porter à ébullition, couvrir et laisser mijoter

25 minutes. Ajoutez le céleri, couvrez et laissez cuire encore 5 minutes. Saupoudrer de sel avant de servir.

Ragoût de Bœuf Rouge au Gingembre

Pour 4 personnes

450 g/1 lb de viande maigre
2 tranches de racine de gingembre hachée
4 ciboulette (ciboulette), hachée
120 ml/4 fl oz/¬Ω tasse de sauce soja
60 ml/4 cuillères à soupe de vin de riz ou de xérès sec
400 ml/14 fl oz/1¬œ tasse d'eau
15 ml/1 cuillère à soupe de cassonade

Mettre tous les ingrédients dans une casserole épaisse, porter à ébullition, couvrir et cuire en retournant de temps en temps pendant environ 1 heure, jusqu'à ce que la viande soit tendre.

Boeuf aux Haricots Verts

Pour 4 personnes

225 g/8 oz de rumsteck tranché finement
30 ml/2 cuillères à soupe de farine de maïs (amidon de maïs)
15 ml/1 cuillère à soupe de vin de riz ou de xérès sec
15 ml/1 cuillère à soupe de sauce soja
30 ml/2 cuillères à soupe d'huile d'arachide
2,5 ml/¬Ω cuillère à café de sel
2 gousses d'ail écrasées
225 g de haricots verts
225 g/8 oz de pousses de bambou, tranchées
50 g/2 oz de champignons, tranchés
50 g de châtaignes d'eau tranchées
150 ml/¬° pt/¬Ω généreuse tasse de bouillon de poulet

Placez le steak dans un bol. Mélangez 15 ml/1 cuillère à soupe de farine de maïs, de vin ou de xérès et de sauce soja, ajoutez à la viande et laissez mariner 30 minutes. Faites chauffer l'huile d'olive avec le sel et l'ail et faites revenir jusqu'à ce que l'ail soit légèrement doré. Ajouter la viande et la marinade et faire revenir 4 minutes. Ajouter les haricots et faire revenir pendant 2 minutes.

Ajouter le reste des ingrédients, porter à ébullition et cuire 4 minutes. Mélangez le reste de la farine de maïs avec un

un peu d'eau et mélanger à la sauce. Cuire en remuant jusqu'à ce que la sauce s'éclaircisse et épaississe.

Viande chaude

Pour 4 personnes

450 g/1 lb de viande maigre
6 oignons verts (oignons verts), tranchés
4 tranches de racine de gingembre
15 ml/1 cuillère à soupe de vin de riz ou de xérès sec
15 ml/1 cuillère à soupe de sauce soja
4 poivrons rouges séchés, hachés
10 grains de poivre
1 gousse d'anis étoilé
300 ml/¬Ω pt/1¬° tasse d'eau
2,5 ml/¬Ω cuillère à café d'huile de piment

Mettez la viande dans un bol avec 2 oignons nouveaux, 1 tranche de gingembre et la moitié du vin et laissez mariner 30 minutes. Portez à ébullition une grande casserole d'eau, ajoutez la viande et faites bouillir jusqu'à ce qu'elle soit saisie.

de tous les côtés, retirer et égoutter. Mettez le reste des oignons nouveaux, le gingembre et le vin ou le xérès dans une casserole avec le piment, les grains de poivre et l'anis étoilé et ajoutez l'eau. Portez à ébullition, ajoutez la viande, couvrez et laissez cuire environ 40 minutes jusqu'à ce que la viande soit tendre. Retirez la viande du liquide et égouttez-la bien. Couper en fines tranches et disposer sur une assiette chaude. Servir arrosé d'huile de piment.

Morceaux de viande chaude

Pour 4 personnes
150 ml/¬° pt/¬Ω tasse généreuse d'huile d'arachide (cacahuètes)
450 g/1 lb de bœuf maigre, coupé à contre-courant
45 ml/3 cuillères à soupe de sauce soja

15 ml/1 cuillère à soupe de vin de riz ou de xérès sec
1 tranche de racine de gingembre hachée
1 poivron rouge séché, haché
2 carottes râpées
2 branches de céleri, coupées en diagonale
10 ml/2 cuillères à café de sel

225 g/8 oz/1 tasse de riz à grains longs

Faites chauffer les deux tiers de l'huile et faites revenir la viande, la sauce soja et le vin ou le xérès pendant 10 minutes. Retirez la viande et réservez la sauce. Faites chauffer le reste de l'huile et faites revenir le gingembre, le poivron et les carottes pendant 1 minute. Ajoutez le céleri et faites revenir 1 minute. Ajoutez la viande et le sel et faites revenir 1 minute.

Pendant ce temps, faites cuire le riz dans l'eau bouillante pendant environ 20 minutes jusqu'à ce qu'il soit tendre. Bien égoutter et disposer sur une assiette. Verser sur le mélange de viande et la sauce piquante.

Boeuf au Mangetout

Pour 4 personnes

225 g/8 oz de viande maigre
30 ml/2 cuillères à soupe de farine de maïs (amidon de maïs)
5 ml/1 cuillère à café de sucre
5 ml/1 cuillère à café de sauce soja
10 ml/2 cuillères à café de vin de riz ou de xérès sec
30 ml/2 cuillères à soupe d'huile d'arachide
2,5 ml/¬Ω cuillère à café de sel
2 tranches de racine de gingembre hachée
225 g/8 oz de mangetout (pois)
60 ml/4 cuillères à soupe de bouillon de viande
10 ml/2 cuillères à café d'eau
poivre fraîchement moulu

Coupez la viande en fines tranches à contre-courant. Mélangez la moitié de la semoule de maïs, le sucre, la sauce soja et le vin ou le xérès, ajoutez à la viande et remuez bien pour enrober. Faites chauffer la moitié de l'huile et faites revenir le sel et le gingembre pendant quelques secondes. Ajouter le mangetout et remuer pour l'enrober d'huile. Ajoutez le bouillon, portez à ébullition et remuez bien, puis retirez le mangetout et le liquide de la casserole. Faites chauffer le reste de l'huile et faites frire la viande jusqu'à ce qu'elle soit légèrement dorée. Remettez le mange-tout dans la poêle. Mélangez le

à thé de farine de maïs restante avec de l'eau, incorporer dans la poêle et assaisonner de poivre. Cuire en remuant jusqu'à ce que la sauce épaississe.

Rôti de Boeuf Mariné

Pour 4 personnes
450 g de steak de paleron
75 ml/5 cuillères à soupe de sauce soja
60 ml/4 cuillères à soupe de vin de riz ou de xérès sec
5 ml/1 cuillère à café de sel
15 ml/1 cuillère à soupe de farine de maïs (amidon de maïs)
45 ml/3 cuillères à soupe d'huile d'arachide
15 ml/1 cuillère à soupe de cassonade
15 ml/1 cuillère à soupe de vinaigre de vin

Percez le steak à plusieurs endroits et placez-le dans un bol. Mélangez la sauce soja, le vin ou le xérès et le sel, versez sur la viande et laissez reposer 3 heures en retournant de temps en temps. Égouttez la viande et jetez la marinade. Séchez la viande et saupoudrez de semoule de maïs. Faites chauffer l'huile et faites frire la viande jusqu'à ce qu'elle soit dorée de tous les côtés. Ajoutez le sucre et le vinaigre de vin et juste assez d'eau pour recouvrir la viande. Portez à ébullition, couvrez et laissez cuire environ 1 heure jusqu'à ce que la viande soit tendre.

Viande frite et champignons

Pour 4 personnes

225 g/8 oz de viande maigre
15 ml/1 cuillère à soupe de farine de maïs (amidon de maïs)
15 ml/1 cuillère à soupe de vin de riz ou de xérès sec
15 ml/1 cuillère à soupe de sauce soja
2,5 ml/¬Ω cuillère à café de sucre
45 ml/3 cuillères à soupe d'huile d'arachide
1 tranche de racine de gingembre hachée
2,5 ml/¬Ω cuillère à café de sel

225 g/8 oz de champignons, tranchés
120 ml/4 fl oz/½ tasse de bouillon de bœuf

Coupez la viande en fines tranches à contre-courant. Mélangez la maïzena, le vin ou le xérès, la sauce soja et le sucre, ajoutez à la viande et mélangez bien pour enrober. Faites chauffer l'huile et faites revenir le gingembre pendant 1 minute. Ajouter la viande et faire revenir jusqu'à ce qu'elle soit dorée. Ajoutez le sel et les champignons et remuez bien. Ajouter le bouillon, porter à ébullition et cuire en remuant jusqu'à ce que la sauce épaississe.

Viande Frite Marinée

Pour 4 personnes

450 g/1 lb de bœuf maigre, tranché
2 gousses d'ail écrasées
60 ml/4 cuillères à soupe de sauce soja
15 ml/1 cuillère à soupe de cassonade
5 ml/1 cuillère à café de sel
30 ml/2 cuillères à soupe d'huile d'arachide

Mettez la viande dans un bol et ajoutez l'ail, la sauce soja, le sucre et le sel. Bien mélanger, couvrir et laisser mariner environ 2 heures en retournant de temps en temps. Égoutter en jetant la marinade. Faites chauffer l'huile et faites frire la viande jusqu'à ce qu'elle soit dorée de tous les côtés et servez immédiatement.

Rôti de Bœuf aux Champignons

Pour 4 personnes

1 kg/2 lb de bœuf

sel et poivre fraîchement moulu

60 ml/4 cuillères à soupe de sauce soja

30 ml/2 cuillères à soupe de sauce hoisin

30 ml/2 cuillères à soupe de miel

30 ml/2 cuillères à soupe de vinaigre de vin

5 ml/1 cuillère à café de poivre fraîchement moulu

5 ml/1 cuillère à café d'anis moulu

5 ml/1 cuillère à café de coriandre moulue

6 champignons chinois séchés

60 ml/4 cuillères à soupe d'huile d'arachide

5 ml/2 cuillère à café de farine de maïs (amidon de maïs)

15 ml/1 cuillère à soupe d'eau

400 g de tomates en conserve

6 oignons nouveaux (ciboulette), coupés en lanières

2 carottes râpées

30 ml/2 cuillères à soupe de sauce aux prunes

60 ml/4 cuillères à soupe de ciboulette hachée

Percez la viande plusieurs fois avec une fourchette. Assaisonner de sel et de poivre et placer dans un bol. Mélangez les sauces, le miel, le vinaigre de vin, le poivre et les assaisonnements, versez sur la viande, couvrez et laissez mariner au réfrigérateur toute la nuit.

Faites tremper les champignons dans l'eau tiède pendant 30 minutes puis égouttez-les. Jetez les tiges et coupez les sommets. Faites chauffer l'huile et faites frire la viande jusqu'à ce qu'elle soit dorée, en la retournant fréquemment. Mélangez la farine de maïs et l'eau et ajoutez-les à la poêle avec les tomates. Porter à ébullition, couvrir et laisser mijoter pendant environ 1 Ω heures jusqu'à tendreté. Ajoutez les oignons nouveaux et les carottes et poursuivez la cuisson 10 minutes jusqu'à ce que les carottes soient tendres. Ajouter la sauce aux prunes et cuire 2 minutes. Retirez la viande de la sauce et coupez-la en tranches épaisses. Remettre la sauce à chauffer et servir parsemé de ciboulette.

Boeuf Frit avec Nouilles

Pour 4 personnes

100 g/4 oz de nouilles fines aux œufs
30 ml/2 cuillères à soupe d'huile d'arachide
225 g/8 oz de bœuf maigre, râpé
30 ml/2 cuillères à soupe de sauce soja
15 ml/1 cuillère à soupe de vin de riz ou de xérès sec
2,5 ml/½ cuillère à café de sel
2,5 ml/½ cuillère à café de sucre
120 ml/4 fl oz/½ tasse d'eau

Faire tremper les pâtes jusqu'à ce qu'elles soient légèrement ramollies, puis égoutter et couper en morceaux de 7,5 cm/3 de long. Faites chauffer la moitié de l'huile et faites frire la viande jusqu'à ce qu'elle soit dorée. Ajoutez la sauce soja, le vin ou le xérès, le sel et le sucre et faites frire pendant 2 minutes puis retirez de la poêle. Faites chauffer le reste de l'huile et faites frire les nouilles jusqu'à ce qu'elles soient recouvertes d'huile. Remettez le mélange de viande dans la casserole, ajoutez l'eau et portez à ébullition. Laisser mijoter et laisser mijoter environ 5 minutes jusqu'à ce que le liquide soit absorbé.

Bœuf aux nouilles de riz

Pour 4 personnes

4 champignons chinois séchés
30 ml/2 cuillères à soupe d'huile d'arachide
2,5 ml/½ cuillère à café de sel
225 g/8 oz de bœuf maigre, tranché
100 g/4 oz de pousses de bambou, tranchées
100 g/4 oz de céleri tranché
1 oignon émincé
120 ml/4 fl oz/½ tasse de bouillon de bœuf
2,5 ml/½ cuillère à café de sucre
10 ml/2 cuillère à café de farine de maïs (amidon de maïs)
5 ml/1 cuillère à café de sauce soja
15 ml/1 cuillère à soupe d'eau
100 g de nouilles de riz
huile de friture

Faites tremper les champignons dans l'eau tiède pendant 30 minutes puis égouttez-les. Jetez les tiges et coupez les sommets. Faites chauffer la moitié de l'huile et faites revenir le sel et la viande jusqu'à ce qu'ils soient légèrement dorés et retirez-les de la poêle. Faites chauffer le reste de l'huile et faites frire les légumes jusqu'à ce qu'ils soient tendres. Ajouter le bouillon et le sucre et porter à ébullition. Remettez la viande dans la poêle, couvrez et laissez cuire 3 minutes. Mélangez la farine de maïs, la sauce soja et l'eau, ajoutez-les à la poêle et faites cuire en remuant jusqu'à ce que le mélange épaississe. Pendant ce temps, faites revenir les nouilles de riz dans l'huile chaude pendant quelques secondes jusqu'à ce qu'elles soient croustillantes et croustillantes et servez-les sur la viande.

Viande à l'oignon

Pour 4 personnes

60 ml/4 cuillères à soupe d'huile d'arachide
300 g/11 oz de bœuf maigre, coupé en lanières
100 g/4 oz d'oignon, coupé en lanières
15 ml/1 cuillère à soupe de bouillon de poulet
5 ml/1 cuillère à café de vin de riz ou de xérès sec
5 ml/1 cuillère à café de sucre
5 ml/1 cuillère à café de sauce soja
sel
huile de sésame

Faites chauffer l'huile et faites revenir la viande et l'oignon à feu vif jusqu'à ce qu'ils soient légèrement dorés. Ajoutez le bouillon, le vin ou le xérès, le sucre et la sauce soja et faites frire rapidement jusqu'à ce que le tout soit bien mélangé. Assaisonner au goût avec du sel et de l'huile de sésame avant de servir.

Viande et petits pois

Pour 4 personnes

30 ml/2 cuillères à soupe d'huile d'arachide
450 g/1 lb de bœuf maigre, coupé en cubes
2 oignons émincés
2 branches de céleri tranchées
100 g/4 oz de petits pois frais ou surgelés, décongelés
250 ml/8 fl oz/1 tasse de bouillon de poulet
15 ml/1 cuillère à soupe de sauce soja
15 ml/1 cuillère à soupe de farine de maïs (amidon de maïs)

Faites chauffer l'huile et faites frire la viande jusqu'à ce qu'elle soit légèrement dorée. Ajoutez l'oignon, le céleri et les petits pois et faites revenir 2 minutes. Ajouter le bouillon et la sauce soja, porter à ébullition, couvrir et laisser mijoter 10 minutes. Mélangez la farine de maïs avec un peu d'eau et incorporez-la à la sauce. Cuire en remuant jusqu'à ce que la sauce s'éclaircisse et épaississe.

Bœuf craquelé aux oignons frits

Pour 4 personnes

225 g/8 oz de viande maigre
2 ciboulette (ciboulette), hachée
30 ml/2 cuillères à soupe de sauce soja
30 ml/2 cuillères à soupe de vin de riz ou de xérès sec
30 ml/2 cuillères à soupe d'huile d'arachide
1 gousse d'ail écrasée
5 ml/1 cuillère à café de vinaigre de vin
quelques gouttes d'huile de sésame

Coupez la viande en fines tranches à contre-courant. Mélangez les oignons nouveaux, la sauce soja et le vin ou le xérès, ajoutez à la viande et laissez reposer 30 minutes. Égoutter en jetant la marinade. Faites chauffer l'huile d'olive et faites revenir l'ail jusqu'à ce qu'il soit légèrement doré. Ajouter la viande et faire revenir jusqu'à ce qu'elle soit dorée. Ajoutez le vinaigre et l'huile de sésame, couvrez et laissez cuire 2 minutes.

Viande aux écorces d'orange séchées

Pour 4 personnes

450 g/1 lb de bœuf maigre, tranché finement

5 ml/1 cuillère à café de sel

huile de friture

30 ml/2 cuillères à soupe d'huile d'arachide

100 g d'écorces d'orange séchées

2 poivrons séchés, finement hachés

5 ml/1 cuillère à café de poivre fraîchement moulu

45 ml/3 cuillères à soupe de bouillon de viande

2,5 ml/¬Ω cuillère à café de sucre

15 ml/1 cuillère à soupe de vin de riz ou de xérès sec

5 ml/1 cuillère à café de vinaigre de vin

2,5 ml/¬Ω cuillère à café d'huile de sésame

Saupoudrez la viande de sel et laissez-la reposer 30 minutes. Faites chauffer l'huile et faites frire la viande jusqu'à ce qu'elle soit à moitié cuite. Retirer et bien égoutter. Faites chauffer l'huile et faites revenir le zeste d'orange, le piment et le poivre pendant 1 minute. Ajouter la viande et le bouillon et porter à ébullition. Ajoutez le sucre et le vinaigre de vin et faites cuire jusqu'à ce qu'il ne reste plus beaucoup de liquide. Ajoutez le vinaigre de vin et l'huile de sésame et mélangez bien. Servir sur un lit de feuilles de laitue.

Viande à la sauce d'huîtres

Pour 4 personnes
15 ml/1 cuillère à soupe d'huile d'arachide
2 gousses d'ail écrasées
450 g/1 lb de rumsteck, tranché
100 g de champignons de Paris
15 ml/1 cuillère à soupe de vin de riz ou de xérès sec
150 ml/¬° pt/¬Ω généreuse tasse de bouillon de poulet
30 ml/2 cuillères à soupe de sauce aux huîtres
5 ml/1 cuillère à café de cassonade
sel et poivre fraîchement moulu
4 oignons verts (oignons verts), tranchés
15 ml/1 cuillère à soupe de farine de maïs (amidon de maïs)

Faites chauffer l'huile d'olive et faites revenir l'ail jusqu'à ce qu'il soit légèrement doré. Ajouter le steak et les champignons et faire revenir jusqu'à ce qu'ils soient légèrement dorés. Ajoutez le vin ou le xérès et faites frire pendant 2 minutes. Ajouter le bouillon, la sauce d'huîtres et le sucre et assaisonner de sel et de poivre. Porter à ébullition et cuire 4 minutes en remuant de temps en temps. Ajoutez la ciboulette. Mélangez la maïzena avec un peu d'eau et mélangez dans la casserole. Cuire en remuant jusqu'à ce que la sauce s'éclaircisse et épaississe.

Viande au Poivre

Pour 4 personnes

350 g/12 oz de bœuf maigre, coupé en lanières

75 ml/5 cuillères à soupe de sauce soja

75 ml/5 cuillères à soupe d'huile d'arachide

5 ml/1 cuillère à café de farine de maïs (amidon de maïs)

75 ml/5 cuillères à soupe d'eau

2 oignons émincés

5 ml/1 cuillère à café de sauce aux huîtres

poivre fraîchement moulu

paniers de pâtes

Faire mariner la viande avec la sauce soja, 15 ml/1 cuillère à soupe d'huile, la farine de maïs et l'eau pendant 1 heure. Retirez la viande de la marinade et égouttez-la bien. Faites chauffer le reste de l'huile et faites revenir la viande et l'oignon jusqu'à ce qu'ils soient légèrement dorés. Ajouter la marinade et la sauce d'huîtres et poivrer généreusement. Portez à ébullition, couvrez et laissez cuire 5 minutes en remuant de temps en temps. Servir avec des paniers de pâtes.

Steak au poivre

Pour 4 personnes

45 ml/3 cuillères à soupe d'huile d'arachide
5 ml/1 cuillère à café de sel
2 gousses d'ail écrasées
450 g/1 lb de bifteck de surlonge, tranché finement
1 oignon coupé en tranches
2 poivrons verts, hachés grossièrement
120 ml/4 fl oz/¬Ω tasse de bouillon de bœuf
5 ml/1 cuillère à café de cassonade
5 ml/1 cuillère à café de vin de riz ou de xérès sec
sel et poivre fraîchement moulu
30 ml/2 cuillères à soupe de farine de maïs (amidon de maïs)

30 ml/2 cuillères à soupe de sauce soja

Faites chauffer l'huile avec le sel et l'ail jusqu'à ce qu'ils soient légèrement dorés, puis ajoutez le steak et faites-le frire jusqu'à ce qu'il soit doré de tous les côtés. Ajoutez l'oignon et le poivron et faites revenir 2 minutes. Ajoutez le bouillon, le sucre, le vin ou le xérès et assaisonnez de sel et de poivre. Portez à ébullition, couvrez et laissez cuire 5 minutes. Mélangez la semoule de maïs et la sauce soja et incorporez-les à la sauce. Cuire en remuant jusqu'à ce que la sauce s'éclaircisse et épaississe, en ajoutant un peu plus d'eau si nécessaire pour amener la sauce à la consistance souhaitée.

Boeuf aux Poivrons

Pour 4 personnes

350 g/12 oz de bœuf maigre, tranché finement
3 poivrons rouges épépinés et hachés
3 oignons nouveaux (ciboulette), coupés en morceaux
2 gousses d'ail écrasées
15 ml/1 cuillère à soupe de sauce aux haricots noirs
1 carotte tranchée
3 poivrons verts, coupés en morceaux
sel
15 ml/1 cuillère à soupe d'huile d'arachide

5 ml/1 cuillère à café de sauce soja
45 ml/3 cuillères à soupe d'eau
5 ml/1 cuillère à café de vin de riz ou de xérès sec
5 ml/1 cuillère à café de farine de maïs (amidon de maïs)

Faire mariner la viande avec le piment, la ciboulette, l'ail, la sauce aux haricots noirs et les carottes pendant 1 heure. Blanchir les poivrons dans l'eau bouillante salée pendant 3 minutes et bien les égoutter. Faites chauffer l'huile et faites frire le mélange de viande pendant 2 minutes. Ajoutez les poivrons et faites revenir 3 minutes. Ajouter la sauce soja, l'eau et le vin ou le xérès. Mélangez la maïzena avec un peu d'eau, mélangez dans la poêle et faites cuire en remuant jusqu'à ce que la sauce épaississe.

Morceaux de viande frits au poivre vert

Pour 4 personnes

225 g/8 oz de bœuf maigre, râpé
1 blanc d'oeuf
15 ml/1 cuillère à soupe de farine de maïs (amidon de maïs)
2,5 ml/¬Ω cuillère à café de sel
5 ml/1 cuillère à café de vin de riz ou de xérès sec
2,5 ml/¬Ω cuillère à café de sucre
huile de friture
30 ml/2 cuillères à soupe d'huile d'arachide

2 poivrons rouges coupés en cubes
2 tranches de racine de gingembre, râpées
15 ml/1 cuillère à soupe de sauce soja
2 gros poivrons verts, coupés en cubes

Placer la viande dans un bol avec le blanc d'œuf, la farine de maïs, le sel, le vin ou le xérès et le sucre et laisser mariner 30 minutes. Faites chauffer l'huile et faites frire la viande jusqu'à ce qu'elle soit légèrement dorée. Retirer de la poêle et bien égoutter. Faites chauffer l'huile et faites revenir le poivron et le gingembre pendant quelques secondes. Ajouter la viande et la sauce soja et faire revenir jusqu'à tendreté. Ajouter les piments verts, bien mélanger et faire revenir 2 minutes. Sers immédiatement.

Bœuf aux cornichons chinois

Pour 4 personnes

100 g/4 oz de cornichons chinois, râpés
450 g/1 lb de steak maigre, tranché contre le grain
30 ml/2 cuillères à soupe de sauce soja
5 ml/1 cuillère à café de sel
2,5 ml/¬Ω cuillère à café de poivre fraîchement moulu
60 ml/4 cuillères à soupe d'huile d'arachide
15 ml/1 cuillère à soupe de farine de maïs (amidon de maïs)

Mélangez bien tous les ingrédients et placez-les dans un bol résistant à la chaleur. Placez le bol sur une grille dans un cuiseur vapeur, couvrez et faites cuire dans l'eau bouillante pendant 40 minutes jusqu'à ce que la viande soit bien cuite.

Steak aux pommes de terre

Pour 4 personnes

450 g/1 livre de steak

60 ml/4 cuillères à soupe d'huile d'arachide

5 ml/1 cuillère à café de sel

2,5 ml/¬Ω cuillère à café de poivre fraîchement moulu

1 oignon haché

1 gousse d'ail écrasée

225 g de pommes de terre en dés

175 ml/6 fl oz/¬œ tasse de bouillon de bœuf

250 ml/8 fl oz/1 tasse de feuilles de céleri hachées
30 ml/2 cuillères à soupe de farine de maïs (amidon de maïs)
15 ml/1 cuillère à soupe de sauce soja
60 ml/4 cuillères à soupe d'eau

Coupez le steak en lanières puis en fines tranches à contre-courant. Faites chauffer l'huile et faites revenir le steak, le sel, le poivre, l'oignon et l'ail jusqu'à ce qu'ils soient légèrement dorés. Ajouter les pommes de terre et le bouillon, porter à ébullition, couvrir et laisser mijoter 10 minutes. Ajouter les feuilles de céleri et cuire environ 4 minutes jusqu'à ce qu'elles soient tendres. Mélanger la farine de maïs, la sauce soja et l'eau jusqu'à former une pâte, ajouter dans la poêle et cuire en remuant jusqu'à ce que la sauce s'éclaircisse et épaississe.

Viande Cuite Rouge

Pour 4 personnes

450 g/1 lb de viande maigre
120 ml/4 fl oz/¬Ω tasse de sauce soja
60 ml/4 cuillères à soupe de vin de riz ou de xérès sec
15 ml/1 cuillère à soupe de cassonade
375 ml/13 fl oz/1¬Ω tasses d'eau

Mettez la viande, la sauce soja, le vin ou le xérès et le sucre dans une casserole à fond épais et portez à ébullition. Couvrir et cuire 10 minutes en retournant une ou deux fois. Ajoutez l'eau et laissez bouillir. Couvrir et cuire environ 1 heure jusqu'à ce que la viande soit tendre, en ajoutant si nécessaire un peu d'eau bouillante pendant la cuisson si la viande devient trop sèche. Servir chaud ou froid.

Viande salée

Pour 4 personnes

30 ml/2 cuillères à soupe d'huile d'arachide
450 g/1 lb de bœuf maigre, coupé en cubes
2 oignons verts (oignons verts), tranchés
2 gousses d'ail écrasées
1 tranche de racine de gingembre hachée
2 gousses d'anis étoilé écrasées

250 ml/8 fl oz/1 tasse de sauce soja
30 ml/2 cuillères à soupe de vin de riz ou de xérès sec
30 ml/2 cuillères à soupe de cassonade
5 ml/1 cuillère à café de sel
600 ml/1 pt/2¬Ω tasses d'eau

Faites chauffer l'huile et faites frire la viande jusqu'à ce qu'elle soit légèrement dorée. Égoutter l'excès d'huile, ajouter les oignons nouveaux, l'ail, le gingembre et le fenouil et faire revenir pendant 2 minutes. Ajouter la sauce soja, le vin ou le xérès, le sucre et le sel et bien mélanger. Ajouter l'eau, porter à ébullition, couvrir et cuire 1 heure. Retirez le couvercle et laissez cuire jusqu'à ce que la sauce réduise.

Boeuf haché

Pour 4 personnes

750 g/1¬Ω lb de bœuf maigre, coupé en cubes
250 ml/8 fl oz/1 tasse de bouillon de bœuf
120 ml/4 fl oz/¬Ω tasse de sauce soja
60 ml/4 cuillères à soupe de vin de riz ou de xérès sec
45 ml/3 cuillères à soupe d'huile d'arachide

Mettez la viande, le bouillon, la sauce soja et le vin ou le xérès dans une poêle à fond épais. Porter à ébullition et faire bouillir en remuant jusqu'à ce que le liquide s'évapore. Laissez refroidir puis réfrigérez. Effilochez la viande avec deux fourchettes. Faites chauffer l'huile, ajoutez la viande et faites-la revenir rapidement jusqu'à ce qu'elle soit recouverte d'huile. Poursuivez la cuisson à feu moyen jusqu'à ce que la viande soit complètement sèche. Laisser refroidir et servir avec des pâtes ou du riz.

Râpé de bœuf façon familiale

Pour 4 personnes

225 g/8 oz de bœuf râpé

15 ml/1 cuillère à soupe de sauce soja

15 ml/1 cuillère à soupe de sauce aux huîtres

45 ml/3 cuillères à soupe d'huile d'arachide

1 tranche de racine de gingembre hachée

1 poivron rouge haché

4 branches de céleri, coupées en diagonale

15 ml/1 cuillère à soupe de sauce aux haricots épicée

5 ml/1 cuillère à café de sel

15 ml/1 cuillère à soupe de vin de riz ou de xérès sec

5 ml/1 cuillère à café d'huile de sésame

5 ml/1 cuillère à café de vinaigre de vin

poivre fraîchement moulu

Placer la viande dans un bol avec la sauce soja et la sauce d'huîtres et laisser mariner 30 minutes. Faites chauffer l'huile et faites frire la viande jusqu'à ce qu'elle soit légèrement dorée, puis retirez-la de la poêle. Ajoutez le gingembre et le piment et faites revenir quelques secondes. Ajouter le céleri et faire revenir jusqu'à ce qu'il soit à moitié cuit. Ajouter la viande, la sauce épicée aux haricots et le sel et bien mélanger. Ajoutez le vin ou le xérès, l'huile de sésame et le vinaigre et faites frire jusqu'à ce que la viande soit tendre et que les ingrédients soient bien mélangés. Servir saupoudré de poivre.

Viande hachée assaisonnée

Pour 4 personnes

90 ml/6 cuillères à soupe d'huile d'arachide

450 g de bœuf maigre, coupé en lanières

50 g de pâte de piment

poivre fraîchement moulu

15 ml/1 cuillère à soupe de racine de gingembre hachée

30 ml/2 cuillères à soupe de vin de riz ou de xérès sec

225 g/8 oz de céleri, coupé en morceaux

30 ml/2 cuillères à soupe de sauce soja

5 ml/1 cuillère à café de sucre

5 ml/1 cuillère à café de vinaigre de vin

Faites chauffer l'huile et faites frire la viande jusqu'à ce qu'elle soit dorée. Ajoutez le piment et la pâte de piment et faites frire pendant 3 minutes. Ajoutez le gingembre, le vin ou le xérès et le céleri et remuez bien. Ajoutez la sauce soja, le sucre et le vinaigre et faites revenir 2 minutes.

Bœuf mariné aux épinards

Pour 4 personnes

450 g/1 lb de bœuf maigre, tranché finement
45 ml/3 cuillères à soupe de vin de riz ou de xérès sec
15 ml/1 cuillère à soupe de sauce soja
5 ml/1 cuillère à café de sucre
2,5 ml/¬Ω cuillère à café d'huile de sésame
450 g d'épinards
45 ml/3 cuillères à soupe d'huile d'arachide
2 tranches de racine de gingembre hachée
30 ml/2 cuillères à soupe de bouillon de viande
5 ml/1 cuillère à café de farine de maïs (amidon de maïs)

Aplatissez légèrement la viande en appuyant avec les doigts. Mélangez le vin ou le xérès, la sauce soja, le xérès et l'huile de sésame. Ajouter la viande, couvrir ct réfrigérer 2 heures en remuant de temps en temps. Coupez les feuilles d'épinards en gros morceaux et les tiges en tranches épaisses. Faites chauffer 30 ml/2 cuillères à soupe d'huile et faites revenir les tiges d'épinards et le gingembre pendant 2 minutes. Retirer de la poêle.

Faites chauffer le reste de l'huile. Égouttez la viande en réservant la marinade. Placer la moitié de la viande dans la poêle en étalant les tranches pour qu'elles ne se chevauchent pas. Cuire environ 3 minutes jusqu'à ce qu'ils soient légèrement dorés des deux côtés. Retirer de la poêle et faire revenir le reste de la viande, puis retirer de la poêle. Mélangez le bouillon et la semoule de maïs à la marinade. Ajouter le mélange dans la casserole et porter à ébullition. Ajoutez les feuilles d'épinards, les tiges et le gingembre. Cuire environ 3 minutes jusqu'à ce que les épinards fanent, puis incorporer la viande. Cuire encore 1 minute et servir immédiatement.

Bœuf aux haricots noirs et oignons verts

Pour 4 personnes

225 g/8 oz de bœuf maigre, tranché finement
1 oeuf légèrement battu

5 ml/1 cuillère à café de sauce soja légère

2,5 ml/½ cuillère à café de vin de riz ou de xérès sec

2,5 ml/½ cuillère à café de farine de maïs (amidon de maïs)

250 ml/8 fl oz/1 tasse d'huile d'arachide (cacahuète)

2 gousses d'ail écrasées

30 ml/2 cuillères à soupe de sauce aux haricots noirs

15 ml/1 cuillère à soupe d'eau

6 oignons verts (ciboulette), coupés en diagonale

2 tranches de racine de gingembre, râpées

Mélangez la viande avec l'œuf, la sauce soja, le vin ou le xérès et la farine de maïs. Laissez reposer 10 minutes. Faites chauffer l'huile et faites frire la viande jusqu'à ce qu'elle soit presque cuite. Retirer de la poêle et bien égoutter. Versez tout sauf 15 ml/1 cuillère à soupe d'huile, réchauffez et faites revenir la sauce à l'ail et aux haricots noirs pendant 30 secondes. Ajouter la viande, l'eau et faire revenir environ 4 minutes jusqu'à ce que la viande soit tendre.

Pendant ce temps, faites chauffer encore 15 ml/1 cuillère à soupe d'huile et faites revenir rapidement les oignons nouveaux et le gingembre. Placer la viande sur une assiette chaude, garnir d'oignons nouveaux et servir.

Boeuf Frit à la Ciboulette

Pour 4 personnes

45 ml/3 cuillères à soupe d'huile d'arachide
225 g/8 oz de bœuf maigre, tranché finement
8 oignons verts (oignons verts), tranchés
75 ml/5 cuillères à soupe de sauce soja
15 ml/1 cuillère à soupe de vin de riz ou de xérès sec
30 ml/2 cuillères à soupe d'huile de sésame

Faites chauffer l'huile et faites revenir la viande et l'oignon jusqu'à ce qu'ils soient légèrement dorés. Ajoutez la sauce soja et le vin ou le xérès et faites frire jusqu'à ce que la viande soit cuite à votre goût. Ajouter l'huile de sésame avant de servir.

Viande et ciboulette avec sauce de poisson

Pour 4 personnes

350 g/12 oz de bœuf maigre, tranché finement

15 ml/1 cuillère à soupe de farine de maïs (amidon de maïs)

15 ml/1 cuillère à soupe d'eau

2,5 ml/½ cuillère à café de vin de riz ou de xérès sec

pincée de bicarbonate de soude (bicarbonate de soude)

pincée de sel

45 ml/3 cuillères à soupe d'huile d'arachide

6 oignons nouveaux (ciboulette), coupés en morceaux de 5 cm/2

2 gousses d'ail écrasées

2 tranches de gingembre haché

5 ml/1 cuillère à café de sauce de poisson

2,5 ml/½ cuillère à café de sauce aux huîtres

Faites mariner la viande avec de la semoule de maïs, de l'eau, du vin ou du xérès, du bicarbonate de soude et du sel pendant 1 heure. Faites chauffer 30 ml/2 cuillères à soupe d'huile d'olive et faites revenir la viande avec la moitié des oignons nouveaux, la moitié de l'ail et du gingembre jusqu'à ce qu'elle soit dorée. Pendant ce temps, faites chauffer le reste de l'huile et faites revenir les oignons nouveaux, l'ail et le gingembre restants avec la sauce de poisson et la sauce aux huîtres jusqu'à ce qu'ils soient tendres. Mélangez les deux et faites chauffer avant de servir.

Viande cuite à la vapeur

Pour 4 personnes

450 g/1 lb de bœuf maigre, tranché

5 ml/1 cuillère à café de farine de maïs (amidon de maïs)

2 tranches de racine de gingembre hachée

15 ml/1 cuillère à soupe de sauce soja

15 ml/1 cuillère à soupe de vin de riz ou de xérès sec

2,5 ml/¬Ω cuillère à café de sel

2,5 ml/¬Ω cuillère à café de sucre

15 ml/1 cuillère à soupe d'huile d'arachide

2 ciboulette (ciboulette), hachée

15 ml/1 cuillère à soupe de persil haché

Mettez la viande dans un bol. Mélangez la semoule de maïs, le gingembre, la sauce soja, le vin ou le xérès, le sel et le sucre et mélangez à la viande. Laissez reposer 30 minutes en remuant de temps en temps. Disposez les tranches de viande dans un plat peu profond allant au four et arrosez d'huile d'olive et de ciboulette. Cuire sur une grille au-dessus de l'eau bouillante pendant environ 40 minutes jusqu'à ce que la viande soit bien cuite. Servir parsemé de persil.

Ragoût de bœuf

Pour 4 personnes

15 ml/1 cuillère à soupe d'huile d'arachide
1 gousse d'ail écrasée
1 tranche de racine de gingembre hachée
450 g/1 lb de bœuf braisé, en cubes
45 ml/3 cuillères à soupe de sauce soja
30 ml/2 cuillères à soupe de vin de riz ou de xérès sec
15 ml/1 cuillère à soupe de cassonade
300 ml/½ pt/1¼ tasse de bouillon de poulet
2 oignons coupés en rondelles
2 carottes, tranchées épaisses
100 g de chou râpé

Faites chauffer l'huile avec l'ail et le gingembre et faites-les revenir jusqu'à ce que l'ail soit légèrement doré. Ajoutez le steak et faites-le frire pendant 5 minutes jusqu'à ce qu'il soit doré. Ajoutez la sauce soja, le vin ou le xérès et le sucre, couvrez et laissez mijoter 10 minutes. Ajouter le bouillon, porter à ébullition, couvrir et laisser mijoter environ 30 minutes. Ajoutez l'oignon, la carotte et le chou, couvrez et laissez cuire encore 15 minutes.

Poitrine de bœuf mijotée

Pour 4 personnes
450 g de poitrine de bœuf
45 ml/3 cuillères à soupe d'huile d'arachide
3 oignons verts (oignons verts), tranchés
2 tranches de racine de gingembre hachée
1 gousse d'ail écrasée
120 ml/4 fl oz/¬Ω tasse de sauce soja
5 ml/1 cuillère à café de sucre
45 ml/3 cuillères à soupe de vin de riz ou de xérès sec
3 gousses d'anis étoilé
4 carottes coupées en dés
225 g/8 oz de chou chinois
15 ml/1 cuillère à soupe de farine de maïs (amidon de maïs)
45 ml/3 cuillères à soupe d'eau

Placer la viande dans une casserole et couvrir simplement d'eau. Porter à ébullition, couvrir et laisser mijoter environ 1¬Ω heures jusqu'à ce que la viande soit tendre. Retirer de la poêle et bien égoutter. Coupez en cubes de 2,5 cm et réservez 250 ml de bouillon.

Faites chauffer l'huile et faites revenir la ciboulette, le gingembre et l'ail pendant quelques secondes. Ajoutez la sauce soja, le sucre, le vin ou le xérès et l'anis étoilé et remuez bien. Ajouter la viande et le bouillon réservé. Portez à ébullition, couvrez et laissez cuire 20 minutes. Pendant ce temps, faites cuire le chou chinois dans l'eau bouillante jusqu'à ce qu'il soit tendre. Transférer la viande et les légumes dans une assiette chaude. Mélangez la maïzena et l'eau jusqu'à obtenir une pâte, incorporez-la à la sauce et faites cuire en remuant jusqu'à ce que la sauce s'éclaircisse et épaississe. Verser sur la viande et servir avec du chou chinois.

Viande braisée

Pour 4 personnes
225 g/8 oz de viande maigre
45 ml/3 cuillères à soupe d'huile d'arachide

1 tranche de racine de gingembre hachée

2 gousses d'ail écrasées

2 ciboulette (ciboulette), hachée

50 g/2 oz de champignons, tranchés

1 poivron rouge tranché

225 g/8 oz de fleurons de chou-fleur

50 g de mangetout (petits pois)

30 ml/2 cuillères à soupe de sauce soja

15 ml/1 cuillère à soupe de farine de maïs (amidon de maïs)

15 ml/1 cuillère à soupe de vin de riz ou de xérès sec

120 ml/4 fl oz/¬Ω tasse de bouillon de bœuf

Coupez la viande en fines tranches à contre-courant. Faites chauffer la moitié de l'huile et faites revenir le gingembre, l'ail et la ciboulette jusqu'à ce qu'ils soient légèrement dorés. Ajoutez la viande et faites-la frire jusqu'à ce qu'elle soit dorée, puis retirez-la de la poêle. Faites chauffer le reste de l'huile et faites frire les légumes jusqu'à ce qu'ils soient recouverts d'huile. Ajouter le bouillon, porter à ébullition, couvrir et cuire jusqu'à ce que les légumes soient tendres mais encore croquants. Mélangez la sauce soja, la semoule de maïs et le vin ou le xérès et mélangez dans la poêle. Cuire en remuant jusqu'à ce que la sauce épaississe.

Lanières de steak

Pour 4 personnes

450 g de rumsteck
120 ml/4 fl oz/¬Ω tasse de sauce soja
120 ml/4 fl oz/¬Ω tasse de bouillon de poulet
1 cm/¬Ω tranche de racine de gingembre
2 gousses d'ail écrasées
30 ml/2 cuillères à soupe de vin de riz ou de xérès sec
15 ml/1 cuillère à soupe de cassonade
15 ml/1 cuillère à soupe d'huile d'arachide

Fermez le steak au congélateur et coupez-le en tranches longues et fines. Mélangez tous les ingrédients restants et faites mariner le steak dans le mélange pendant environ 6 heures. Placez le steak sur des brochettes en bois imbibées et faites-le griller quelques minutes jusqu'à ce qu'il soit cuit à votre goût, en le badigeonnant de temps en temps avec la marinade.

Bœuf cuit à la vapeur et patates douces

Pour 4 personnes

450 g/1 lb de bœuf maigre, tranché finement

15 ml/1 cuillère à soupe de sauce aux haricots noirs

15 ml/1 cuillère à soupe de sauce aux haricots sucrés

15 ml/1 cuillère à soupe de sauce soja

5 ml/1 cuillère à café de sucre

2 tranches de racine de gingembre hachée

2 patates douces coupées en dés

30 ml/2 cuillères à soupe d'huile d'arachide

100 g de chapelure

15 ml/1 cuillère à soupe d'huile de sésame

3 ciboulette (ciboulette), finement hachée

Placer la viande dans un bol avec la sauce aux haricots, la sauce soja, le sucre et le gingembre et laisser mariner 30 minutes. Retirez la viande de la marinade et ajoutez la patate douce. Laissez reposer 20 minutes. Disposez les pommes de terre sur le fond d'un petit cuiseur vapeur en bambou. Couvrir la viande de chapelure et la disposer sur les pommes de terre. Couvrir et cuire à la vapeur dans l'eau bouillante pendant 40 minutes.

Faites chauffer l'huile de sésame et faites revenir les oignons nouveaux pendant quelques secondes. Répartir sur la viande et servir.

Filet de bœuf

Pour 4 personnes

450 g/1 lb de viande maigre

15 ml/3 cuillères à soupe de vin de riz ou de xérès sec

15 ml/1 cuillère à soupe de sauce soja

10 ml/2 cuillères à café de sauce aux huîtres

5 ml/1 cuillère à café de sucre

5 ml/1 cuillère à café de farine de maïs (amidon de maïs)

2,5 ml/¬Ω cuillère à café de bicarbonate de soude (bicarbonate de soude)

pincée de sel

1 gousse d'ail écrasée

30 ml/2 cuillères à soupe d'huile d'arachide
2 oignons émincés

Coupez la viande dans le sens du grain en fines tranches. Mélangez le vin ou le xérès, la sauce soja, la sauce aux huîtres, le sucre, la maïzena, le bicarbonate de soude, le sel et l'ail. Ajouter la viande, couvrir et réfrigérer au moins 3 heures. Faites chauffer l'huile et faites revenir l'oignon pendant environ 5 minutes jusqu'à ce qu'il soit doré. Transférer dans un plat chaud et réserver au chaud. Ajoutez un peu de viande dans le wok en étalant les tranches pour qu'elles ne se chevauchent pas. Faites frire environ 3 minutes de chaque côté jusqu'à ce qu'elles soient dorées, puis disposez les oignons dessus et continuez à faire frire le reste de la viande.

Toasts à la viande

Pour 4 personnes

4 tranches de viande maigre
1 œuf battu
50 g/2 oz/¬Ω tasse de noix hachées
4 tranches de pain
huile de friture

Aplatissez les tranches de viande et badigeonnez-les bien d'œuf. Saupoudrer de noix et garnir d'une tranche de pain. Faites chauffer l'huile et faites revenir la viande et les tranches de pain pendant environ 2 minutes. Retirer de l'huile et laisser refroidir. Réchauffez l'huile et faites frire à nouveau jusqu'à ce qu'elle soit dorée.

Viande râpée au tofu et poivre

Pour 4 personnes

225 g/8 oz de bœuf maigre, haché

1 blanc d'oeuf

2,5 ml/¬Ω cuillère à café d'huile de sésame

5 ml/1 cuillère à café de farine de maïs (amidon de maïs)

pincée de sel

250 ml/8 fl oz/1 tasse d'huile d'arachide (cacahuète)

100 g de tofu séché, coupé en lanières
5 poivrons rouges coupés en lanières
15 ml/1 cuillère à soupe d'eau
1 tranche de racine de gingembre hachée
10 ml/2 cuillères à café de sauce soja

Mélangez la viande avec le blanc d'œuf, la moitié de l'huile de sésame, la fécule de maïs et le sel. Faites chauffer l'huile et faites frire la viande jusqu'à ce qu'elle soit presque cuite. Retirer de la poêle. Ajoutez le tofu dans la poêle et faites-le frire pendant 2 minutes puis retirez-le de la poêle. Ajoutez le piment et faites revenir 1 minute. Remettez le tofu dans la poêle avec l'eau, le gingembre et la sauce soja et remuez bien. Ajouter la viande et faire revenir jusqu'à ce que le tout soit bien mélangé. Servir saupoudré du reste d'huile de sésame.

Viande au goût de tomate

Pour 4 personnes

30 ml/2 cuillères à soupe d'huile d'arachide
3 oignons nouveaux (ciboulette), coupés en morceaux
225 g/8 oz de bœuf maigre, coupé en lanières
60 ml/4 cuillères à soupe de bouillon de viande
15 ml/1 cuillère à soupe de farine de maïs (amidon de maïs)
45 ml/3 cuillères à soupe d'eau

4 tomates pelées et coupées en quartiers

Faites chauffer l'huile et faites revenir les oignons nouveaux jusqu'à ce qu'ils soient tendres. Ajouter la viande et faire revenir jusqu'à ce qu'elle soit dorée. Ajouter le bouillon, porter à ébullition, couvrir et laisser cuire 2 minutes. Mélangez la maïzena et l'eau, mélangez dans la poêle et faites cuire en remuant jusqu'à ce que la sauce épaississe. Ajouter les tomates et cuire jusqu'à ce qu'elles soient bien chaudes.

Ragoût de Bœuf Rouge aux Navets

Pour 4 personnes

450 g/1 lb de viande maigre

1 tranche de racine de gingembre hachée

1 oignon vert, haché 120 ml/4 fl oz/¬Ω tasse de vin de riz ou de xérès sec

250 ml/8 fl oz/1 tasse d'eau

2 gousses d'anis étoilé

1 petit navet coupé en cubes
120 ml/4 fl oz/¬Ω tasse de sauce soja
15 ml/1 cuillère à soupe de sucre

Dans une casserole à fond épais, mettre la viande, le gingembre, la ciboulette, le vin ou le xérès, l'eau et l'anis, porter à ébullition, couvrir et laisser cuire 45 minutes. Ajoutez le navet, la sauce soja, le sucre et un peu d'eau si nécessaire, portez à nouveau à ébullition, couvrez et laissez cuire encore 45 minutes jusqu'à ce que la viande soit tendre. Laisser refroidir. Retirez la viande et le navet de la sauce. Tranchez la viande et disposez-la sur une assiette de service avec le navet. Filtrer la sauce et servir froide.

Viande aux légumes

Pour 4 personnes

225 g/8 oz de viande maigre
15 ml/1 cuillère à soupe de farine de maïs (amidon de maïs)
15 ml/1 cuillère à soupe de sauce soja
15 ml/1 cuillère à soupe de vin de riz ou de xérès sec
2,5 ml/¬Ω cuillère à café de sucre
45 ml/3 cuillères à soupe d'huile d'arachide
1 tranche de racine de gingembre hachée

2,5 ml/¬Ω cuillère à café de sel
100 g d'oignon émincé
2 branches de céleri tranchées
1 poivron rouge tranché
100 g/4 oz de pousses de bambou, tranchées
100 g/4 oz de carottes, tranchées
120 ml/4 fl oz/¬Ω tasse de bouillon de bœuf

Coupez la viande en fines tranches à contre-courant et placez-la dans un bol. Mélangez la farine de maïs, la sauce soja, le vin ou le xérès et le sucre, versez sur la viande et mélangez bien. Laissez reposer 30 minutes en retournant de temps en temps. Faites chauffer la moitié de l'huile et faites frire la viande jusqu'à ce qu'elle soit dorée et retirez-la de la poêle. Faites chauffer le reste de l'huile, ajoutez le gingembre et le sel, puis ajoutez les légumes et faites frire jusqu'à ce qu'ils soient recouverts d'huile. Ajouter le bouillon, porter à ébullition, couvrir et cuire jusqu'à ce que les légumes soient tendres mais encore croquants. Remettez la viande dans la poêle et laissez mijoter environ 1 minute pour bien la réchauffer.

Viande mijotée

Pour 4 personnes

350 g/12 oz de viande roulée
30 ml/2 cuillères à soupe de sucre
30 ml/2 cuillères à soupe de vin de riz ou de xérès sec
30 ml/2 cuillères à soupe de sauce soja
5 ml/1 cuillère à café de cannelle
2 ciboulette (ciboulette), hachée
1 tranche de racine de gingembre hachée
45 ml/3 cuillères à soupe d'huile de sésame

Portez une casserole d'eau à ébullition, ajoutez la viande, remettez l'eau à ébullition et faites bouillir rapidement pour sceller la viande. Retirer de la poêle. Placez la viande dans une poêle propre et ajoutez tous les ingrédients restants en réservant 15 ml/1 cuillère à soupe d'huile de sésame. Remplissez la casserole avec suffisamment d'eau pour couvrir la viande, portez à ébullition, couvrez et laissez mijoter environ 1 heure jusqu'à ce que la viande soit tendre. Saupoudrer du reste d'huile de sésame avant de servir.

Steak farci

Pour 4 à 6 personnes

675 g/1¬Ω lb de rumsteck entier

60 ml/4 cuillères à soupe de vinaigre de vin

30 ml/2 cuillères à soupe de sucre

10 ml/2 cuillères à café de sauce soja

2,5 ml/¬Ω cuillère à café de poivre fraîchement moulu

2,5 ml/¬Ω cuillère à café de clous de girofle entiers

5 ml/1 cuillère à café de cannelle en poudre

1 feuille de laurier écrasée

225 g/8 oz de riz à grains longs cuit

5 ml/1 cuillère à café de persil frais haché

pincée de sel

30 ml/2 cuillères à soupe d'huile d'arachide

30 ml/2 cuillères à soupe de saindoux

1 oignon émincé

Placez le steak dans un grand bol. Dans une poêle, faites chauffer le vinaigre de vin, le sucre, la sauce soja, le poivre, les clous de girofle, la cannelle et les feuilles de laurier et laissez refroidir. Verser sur le steak, couvrir et laisser mariner au réfrigérateur toute la nuit en retournant de temps en temps.

Mélangez le riz, le persil, le sel et l'huile d'olive. Égoutter la viande et étaler le mélange sur le steak, rouler et attacher fermement avec de la ficelle. Faire fondre le saindoux, ajouter l'oignon et le steak et faire revenir jusqu'à ce qu'ils soient dorés de tous les côtés. Versez suffisamment d'eau pour recouvrir presque le steak, couvrez et faites cuire pendant 1¬Ω heures ou jusqu'à ce que la viande soit tendre.

Boulettes De Viande

Pour 4 personnes

450 g/1 lb de farine nature (tout usage)
1 sachet de levure facile à mélanger
10 ml/2 cuillères à café de sucre en poudre

5 ml/1 cuillère à café de sel

300 ml/¬Ω pt/1¬° tasse de lait chaud ou d'eau

30 ml/2 cuillères à soupe d'huile d'arachide

225 g/8 oz de viande hachée (hachée)

1 oignon haché

2 morceaux de tige de gingembre hachée

50 g de noix de cajou hachées

2,5 ml/¬Ω cuillère à café de poudre aux cinq épices

15 ml/1 cuillère à soupe de sauce soja

30 ml/2 cuillères à soupe de sauce hoisin

2,5 ml/¬Ω cuillère à café de vinaigre de vin

15 ml/1 cuillère à soupe de farine de maïs (amidon de maïs)

45 ml/3 cuillères à soupe d'eau

Mélangez la farine, la levure, le sucre, le sel et le lait tiède ou l'eau et pétrissez jusqu'à obtenir une pâte lisse. Couvrir et laisser lever dans un endroit tiède pendant 45 minutes. Faites chauffer l'huile et faites frire la viande jusqu'à ce qu'elle soit légèrement dorée. Ajouter l'oignon, le gingembre, les noix de cajou, la poudre de cinq épices, la sauce soja, la sauce hoisin et le vinaigre de vin et porter à ébullition. Mélangez la farine de maïs et l'eau, ajoutez à la sauce et laissez cuire 2 minutes. Laisser refroidir. Façonnez la pâte en 16 boules. Pressez, mettez un peu de garniture dans chacun et refermez la pâte autour de la garniture.

Placer dans un panier vapeur dans un wok ou une poêle, couvrir et cuire dans de l'eau salée pendant environ 30 minutes.

Boulettes de viande croustillantes

Pour 4 personnes
225 g/8 oz de viande hachée (hachée)
100 g de châtaignes d'eau hachées
2 oeufs battus
5 ml/1 cuillère à café de zeste d'orange râpé
5 ml/1 cuillère à café de racine de gingembre hachée
5 ml/1 cuillère à café de sel
15 ml/1 cuillère à soupe de farine de maïs (amidon de maïs)
225 g/8 oz/2 tasses de farine nature (tout usage)
5 ml/1 cuillère à café de levure chimique
300 ml/¬Ω pt/1¬Ω tasses d'eau
15 ml/1 cuillère à soupe d'huile d'arachide
huile de friture

Mélangez la viande, les châtaignes d'eau, 1 œuf, le zeste d'orange, le gingembre, le sel et la farine de maïs. Formez des petites boules. Placer dans un bol dans un cuiseur vapeur au-dessus de l'eau bouillante et cuire à la vapeur pendant environ 20 minutes jusqu'à ce qu'il soit bien cuit. Laisser refroidir.

Mélangez la farine, la levure, le reste de l'œuf, l'eau et l'huile d'arachide jusqu'à obtenir une pâte épaisse. Trempez les boulettes de viande dans la pâte. Faites chauffer l'huile et faites frire les boulettes de viande jusqu'à ce qu'elles soient dorées.

Viande hachée aux noix de cajou

Pour 4 personnes

450 g/1 lb de viande hachée (hachée)
¬Ω blanc d'oeuf
5 ml/1 cuillère à café de sauce aux huîtres
5 ml/1 cuillère à café de sauce soja légère
quelques gouttes d'huile de sésame
25 g/1 oz de persil frais haché
45 ml/3 cuillères à soupe d'huile d'arachide
25 g/1 oz/ième tasse de noix de cajou hachées
15 ml/1 cuillère à soupe de bouillon de viande
4 grosses feuilles de laitue

Mélangez la viande avec le blanc d'œuf, la sauce d'huîtres, la sauce soja, l'huile de sésame et le persil et laissez reposer. Faites chauffer la moitié de l'huile et faites frire les noix de cajou jusqu'à ce qu'elles soient légèrement dorées, puis retirez-les de la poêle. Faites chauffer le reste de l'huile et faites frire le mélange de viande jusqu'à ce qu'il soit doré. Ajoutez le bouillon et continuez à frire jusqu'à ce que presque tout le liquide soit évaporé. Disposez les feuilles de laitue sur une assiette chauffée et placez la viande. Servir saupoudré de noix de cajou frites

Viande en Sauce Rouge

Pour 4 personnes
60 ml/4 cuillères à soupe d'huile d'arachide

450 g/1 lb de viande hachée (hachée)

1 oignon haché

1 poivron rouge haché

1 poivron vert haché

2 tranches d'ananas haché

45 ml/3 cuillères à soupe de sauce soja

45 ml/3 cuillères à soupe de vin blanc sec

30 ml/2 cuillères à soupe de vinaigre de vin

30 ml/2 cuillères à soupe de miel

300 ml/¬Ω pt/1¬° tasse de bouillon de viande

sel et poivre fraîchement moulu

quelques gouttes d'huile de piment

Faites chauffer l'huile et faites frire la viande jusqu'à ce qu'elle soit légèrement dorée. Ajoutez les légumes et l'ananas et faites revenir 3 minutes. Ajouter la sauce soja, le vin, le vinaigre de vin, le miel et le bouillon. Porter à ébullition, couvrir et cuire 30 minutes jusqu'à cuisson complète. Assaisonner au goût avec du sel, du poivre et de l'huile de piment.

Raviolis à la Viande avec Riz Gluant

Pour 4 personnes

225 g de riz gluant

450 g/1 lb de bœuf maigre, haché (haché)

1 tranche de racine de gingembre hachée

1 petit oignon haché

1 oeuf légèrement battu

15 ml/1 cuillère à soupe de sauce soja

2,5 ml/¬Ω cuillère à café de farine de maïs (amidon de maïs)

2,5 ml/¬Ω cuillère à café de sucre

2,5 ml/¬Ω cuillère à café de sel

5 ml/1 cuillère à café de vin de riz ou de xérès sec

Laissez tremper le riz pendant 30 minutes, égouttez-le et étalez-le sur une assiette. Mélangez la viande, le gingembre, l'oignon, l'œuf, la sauce soja, la farine de maïs, le sucre, le sel et le vin ou le xérès. Former des boules de la taille d'une noix. Roulez les boulettes de viande dans le riz pour les recouvrir entièrement puis disposez-les dans un plat peu profond en espacant elles. Cuire sur une grille au-dessus de l'eau bouillante pendant 30 minutes. Servir avec de la sauce soja et de la moutarde chinoise.

Boulettes de viande à la sauce aigre-douce

Pour 4 personnes

450 g/1 lb de viande hachée (hachée)

1 oignon haché

25 g de châtaignes d'eau finement hachées
15 ml/1 cuillère à soupe de sauce soja
15 ml/1 cuillère à soupe de vin de riz ou de xérès sec
1 œuf battu
100 g/4 oz/¬Ω tasse de farine de maïs (amidon de maïs)
huile de friture

Pour la sauce:

15 ml/1 cuillère à soupe d'huile d'arachide
1 poivron vert coupé en dés
100 g de morceaux d'ananas au sirop
100 g/4 oz de cornichons sucrés chinois mélangés
100 g/4 oz/¬Ω tasse de cassonade
120 ml/4 fl oz/¬Ω tasse de bouillon de poulet
60 ml/4 cuillères à soupe de vinaigre de vin
15 ml / 1 cuillère à soupe de purée de tomates (pâte)
15 ml/1 cuillère à soupe de farine de maïs (amidon de maïs)
15 ml/1 cuillère à soupe de sauce soja
sel et poivre fraîchement moulu
45 ml/3 cuillères à soupe de noix de coco râpée

Mélangez la viande, l'oignon, les châtaignes d'eau, la sauce soja et le vin ou le xérès. Former des boules et les tremper dans l'œuf battu puis dans la farine de maïs. Faire revenir dans l'huile très chaude pendant quelques minutes jusqu'à ce qu'il soit doré. Transférer dans un plat chaud et réserver au chaud.

Pendant ce temps, faites chauffer l'huile et faites revenir le poivron pendant 2 minutes. Ajoutez 30 ml/2 cuillères à soupe de sirop d'ananas, 15 ml/1 cuillère à soupe de vinaigre de cornichon, le sucre, le bouillon, le vinaigre de vin, la purée de tomates, la farine de maïs et la sauce soja. Bien mélanger, porter à ébullition et cuire en remuant jusqu'à ce que le mélange s'éclaircisse et épaississe. Égouttez le reste de l'ananas et des cornichons et ajoutez-les à la poêle. Cuire en remuant pendant 2 minutes. Verser sur les boulettes de viande et servir saupoudré de noix de coco.

Pouding à la viande cuit à la vapeur

Pour 4 personnes

6 champignons chinois séchés
225 g/8 oz de viande hachée (hachée)
225 g/8 oz de porc haché (haché)
1 oignon coupé en cubes
20 ml/2 cuillères à soupe de chutney de mangue
30 ml/2 cuillères à soupe de sauce hoisin
30 ml/2 cuillères à soupe de sauce soja
5 ml/1 cuillère à café de poudre aux cinq épices
1 gousse d'ail écrasée
5 ml/1 cuillère à café de sel
1 œuf battu
45 ml/3 cuillères à soupe de farine de maïs (amidon de maïs)
60 ml/4 cuillères à soupe de ciboulette hachée
10 feuilles de chou
300 ml/¬Ω pt/1¬° tasse de bouillon de viande

Faites tremper les champignons dans l'eau tiède pendant 30 minutes puis égouttez-les. Jetez les couvercles et hachez-les. Mélanger avec la viande hachée, l'oignon, le chutney, la sauce hoisin, la sauce soja, la poudre de cinq épices et l'ail et assaisonner de sel. Ajouter l'œuf et la farine de maïs et incorporer la ciboulette. Tapisser le panier vapeur avec les feuilles de chou. Formez un gâteau avec la viande hachée et déposez-la sur les feuilles. Couvrir et cuire dans le bouillon de bœuf frémissant doucement pendant 30 minutes.

Viande hachée cuite à la vapeur

Pour 4 personnes

450 g/1 lb de viande hachée (hachée)
2 oignons finement hachés
100 g de châtaignes d'eau, finement haché
60 ml/4 cuillères à soupe de sauce soja
60 ml/4 cuillères à soupe de vin de riz ou de xérès sec
sel et poivre fraîchement moulu

Mélanger tous les ingrédients en assaisonnant au goût avec du sel et du poivre. Presser dans un petit bol résistant à la chaleur et placer dans un cuiseur vapeur au-dessus de l'eau bouillante. Couvrir et cuire à la vapeur pendant environ 20 minutes jusqu'à ce que la viande soit bien cuite et que le plat crée sa propre sauce savoureuse.

Viande hachée frite à la sauce d'huîtres

Pour 4 personnes

30 ml/2 cuillères à soupe d'huile d'arachide

2 gousses d'ail écrasées

225 g/8 oz de viande hachée (hachée)

1 oignon haché

50 g de châtaignes d'eau hachées

50 g de pousses de bambou hachées

15 ml/1 cuillère à soupe de sauce soja

30 ml/2 cuillères à soupe de vin de riz ou de xérès sec

15 ml/1 cuillère à soupe de sauce aux huîtres

Faites chauffer l'huile d'olive et faites revenir l'ail jusqu'à ce qu'il soit légèrement doré. Ajouter la viande et remuer jusqu'à ce qu'elle soit dorée de tous les côtés. Ajoutez l'oignon, les châtaignes d'eau et les pousses de bambou et faites revenir 2 minutes. Ajoutez la sauce soja et le vin ou le xérès, couvrez et laissez cuire 4 minutes.

roulés de viande

Pour 4 personnes

350 g/12 oz de viande hachée (hachée)
1 œuf battu
5 ml/1 cuillère à café de farine de maïs (amidon de maïs)
5 ml/1 cuillère à café d'huile d'arachide
sel et poivre fraîchement moulu
4 oignons verts (ciboulette), hachés
8 paquets de rouleaux de printemps, huile pour friture

Mélangez la viande, l'œuf, la farine de maïs, l'huile d'olive, le sel, le poivre et la ciboulette. Laissez reposer 1 heure. Placer des cuillerées du mélange dans chaque emballage de rouleau de printemps, plier le fond, replier les côtés et enrouler les emballages en scellant les bords avec un peu d'eau. Faites chauffer l'huile et faites frire les petits pains jusqu'à ce qu'ils soient dorés et cuits. Bien égoutter avant de servir.

Dumplings à la viande et aux épinards

Pour 4 personnes

450 g/1 lb de viande hachée (hachée)

1 oeuf

100 g de chapelure

60 ml/4 cuillères à soupe d'eau

15 ml/1 cuillère à soupe de farine de maïs (amidon de maïs)

2,5 ml/½ cuillère à café de sel

15 ml/1 cuillère à soupe de vin de riz ou de xérès sec

30 ml/2 cuillères à soupe d'huile d'arachide

45 ml/3 cuillères à soupe de sauce soja

120 ml/4 fl oz/½ tasse de bouillon de bœuf

350 g/12 oz d'épinards râpés

Mélangez la viande, l'œuf, la chapelure, l'eau, la semoule de maïs, le sel et le vin ou le xérès. Former des boules de la taille d'une noix. Faites chauffer l'huile et faites frire les boulettes de viande jusqu'à ce qu'elles soient dorées de tous les côtés. Retirer de la poêle et égoutter l'excès d'huile. Ajouter la sauce soja et le bouillon dans la poêle et remettre les boulettes de viande. Portez à ébullition, couvrez et laissez cuire 30 minutes en retournant de temps en temps. Faites cuire les épinards dans une poêle séparée jusqu'à ce qu'ils soient tendres, puis incorporez la viande et faites chauffer.

Boeuf Frit au Tofu

Pour 4 personnes

20 ml/4 cuillères à café de farine de maïs (amidon de maïs)
10 ml/2 cuillères à café de sauce soja
10 ml/2 cuillères à café de vin de riz ou de xérès sec
225 g/8 oz de viande hachée (hachée)
2,5 ml/¬Ω cuillère à café de sucre
30 ml/2 cuillères à soupe d'huile d'arachide
2,5 ml/¬Ω cuillère à café de sel
1 gousse d'ail écrasée
120 ml/4 fl oz/¬Ω tasse de bouillon de bœuf
225 g/8 oz de tofu, coupé en cubes
2 ciboulette (ciboulette), hachée
pincée de poivre fraîchement moulu

Mélangez la moitié de la semoule de maïs, la moitié de la sauce soja et la moitié du vin ou du xérès. Ajouter à la viande et bien mélanger. Faites chauffer l'huile et faites revenir le sel et l'ail pendant quelques secondes. Ajouter la viande et faire revenir jusqu'à ce qu'elle soit dorée. Ajouter le bouillon et porter à ébullition. Ajoutez le tofu, couvrez et laissez cuire 2 minutes.

Mélangez le reste de la semoule de maïs, la sauce soja et le vin ou le xérès, ajoutez-les à la poêle et faites cuire en remuant jusqu'à ce que la sauce épaississe.

Agneau aux Asperges

Pour 4 personnes
350 g d'asperges
450 g/1 lb d'agneau maigre
45 ml/3 cuillères à soupe d'huile d'arachide
sel et poivre fraîchement moulu
2 gousses d'ail écrasées
250 ml/8 fl oz/1 tasse de bouillon
1 tomate, pelée et coupée en tranches
15 ml/1 cuillère à soupe de farine de maïs (amidon de maïs)
45 ml/3 cuillères à soupe d'eau
15 ml/1 cuillère à soupe de sauce soja

Coupez les asperges en morceaux en diagonale et placez-les dans un bol. Versez sur de l'eau bouillante et laissez reposer 2 minutes, puis égouttez. Coupez l'agneau en fines tranches à contre-courant. Faites chauffer l'huile et faites frire l'agneau jusqu'à ce qu'il soit légèrement coloré. Ajoutez du sel, du poivre et de l'ail et faites revenir 5 minutes. Ajouter les asperges, le bouillon et les tomates, porter à ébullition, couvrir et cuire 2 minutes. Mélangez la maïzena, l'eau et la sauce soja jusqu'à obtenir une pâte, mélangez dans la poêle et faites cuire en remuant jusqu'à ce que la sauce s'éclaircisse et épaississe.

Agneau rôti

Pour 4 personnes

450 g/1 lb d'agneau maigre, coupé en lanières
120 ml/4 fl oz/¬Ω tasse de sauce soja
120 ml/4 fl oz/¬Ω tasse de vin de riz ou de xérès sec
1 gousse d'ail écrasée
3 ciboulette (ciboulette), hachée
5 ml/1 cuillère à café d'huile de sésame
sel et poivre fraîchement moulu

Placer l'agneau dans un bol. Mélanger le reste des ingrédients, verser sur l'agneau et laisser mariner 1 heure. Griller (griller) sur des charbons ardents jusqu'à ce que l'agneau soit cuit, en l'arrosant de sauce au besoin.

Agneau aux Haricots Verts

Pour 4 personnes

450 g de haricots verts, coupés en julienne
45 ml/3 cuillères à soupe d'huile d'arachide
450 g/1 lb d'agneau maigre, tranché finement
250 ml/8 fl oz/1 tasse de bouillon
5 ml/1 cuillère à café de sel
2,5 ml/¬Ω cuillère à café de poivre fraîchement moulu
15 ml/1 cuillère à soupe de farine de maïs (amidon de maïs)
5 ml/1 cuillère à café de sauce soja
75 ml/5 cuillères à soupe d'eau

Blanchir les haricots dans l'eau bouillante pendant 3 minutes et bien les égoutter. Faites chauffer l'huile et faites frire la viande jusqu'à ce qu'elle soit légèrement dorée de tous les côtés. Ajouter le bouillon, porter à ébullition, couvrir et laisser cuire 5 minutes. Ajoutez les haricots, salez et poivrez, couvrez et laissez cuire 4 minutes jusqu'à ce que la viande soit bien cuite. Mélangez la maïzena, la sauce soja et l'eau jusqu'à obtenir une pâte, mélangez dans la poêle et faites cuire en remuant jusqu'à ce que la sauce s'éclaircisse et épaississe.

Agneau rôti

Pour 4 personnes

450 g/1 lb d'épaule d'agneau désossée, coupée en cubes
15 ml/1 cuillère à soupe d'huile d'arachide
4 oignons verts (oignons verts), tranchés
10 ml/2 cuillère à café de racine de gingembre râpée
200 ml/¬Ω pt/1¬° tasse de bouillon de poulet
30 ml/2 cuillères à soupe de sucre
30 ml/2 cuillères à soupe de sauce soja
15 ml/1 cuillère à soupe de sauce hoisin
15 ml/1 cuillère à soupe de vin de riz ou de xérès sec
5 ml/1 cuillère à café d'huile de sésame

Blanchir l'agneau 5 minutes dans l'eau bouillante puis l'égoutter. Faites chauffer l'huile et faites frire l'agneau pendant environ 5 minutes jusqu'à ce qu'il soit doré. Retirer de la poêle et égoutter sur du papier absorbant. Retirez tout sauf 15 ml/1 cuillère à soupe de la poêle. Réchauffez l'huile et faites revenir les oignons nouveaux et le gingembre pendant 2 minutes. Remettez la viande dans la poêle avec le reste des ingrédients. Porter à ébullition, couvrir et laisser mijoter doucement pendant 1½ heures jusqu'à ce que la viande soit tendre.

Agneau au Brocoli

Pour 4 personnes

75 ml/5 cuillères à soupe d'huile d'arachide
1 gousse d'ail écrasée
450 g/1 lb d'agneau, coupé en lanières
450 g/1 lb de fleurons de brocoli
250 ml/8 fl oz/1 tasse de bouillon
5 ml/1 cuillère à café de sel
2,5 ml/½ cuillère à café de poivre fraîchement moulu
30 ml/2 cuillères à soupe de farine de maïs (amidon de maïs)
75 ml/5 cuillères à soupe d'eau
5 ml/1 cuillère à café de sauce soja

Faites chauffer l'huile et faites revenir l'ail et l'agneau jusqu'à ce qu'ils soient cuits. Ajouter le brocoli et le bouillon, porter à ébullition, couvrir et cuire environ 15 minutes jusqu'à ce que le brocoli soit tendre. Assaisonnez avec du sel et du poivre. Mélangez la maïzena, l'eau et la sauce soja jusqu'à obtenir une pâte, mélangez dans la poêle et faites cuire en remuant jusqu'à ce que la sauce s'éclaircisse et épaississe.

Agneau aux châtaignes d'eau

Pour 4 personnes

350 g d'agneau maigre, coupé en morceaux
15 ml/1 cuillère à soupe d'huile d'arachide
2 oignons verts (oignons verts), tranchés
2 tranches de racine de gingembre hachée
2 poivrons rouges hachés
600 ml/1 pt/2¬Ω tasses d'eau
100 g de navet coupé en dés
1 carotte coupée en dés
1 bâton de cannelle
2 gousses d'anis étoilé
2,5 ml/¬Ω cuillère à café de sucre
15 ml/1 cuillère à soupe de sauce soja
15 ml/1 cuillère à soupe de vin de riz ou de xérès sec
100 g de châtaignes d'eau
15 ml/1 cuillère à soupe de farine de maïs (amidon de maïs)

45 ml/3 cuillères à soupe d'eau

Blanchir l'agneau 2 minutes dans l'eau bouillante puis l'égoutter. Faites chauffer l'huile et faites revenir l'oignon nouveau, le gingembre et le piment pendant 30 secondes. Ajouter l'agneau et faire revenir jusqu'à ce qu'il soit bien enrobé d'assaisonnements. Ajouter le reste des ingrédients sauf les châtaignes d'eau, la maïzena et l'eau, porter à ébullition, couvrir partiellement et laisser cuire environ 1 heure jusqu'à ce que l'agneau soit tendre. Vérifiez de temps en temps et complétez avec de l'eau bouillante si nécessaire. Retirez la cannelle et l'anis, ajoutez les châtaignes d'eau et laissez cuire à découvert pendant environ 5 minutes. Mélangez la farine de maïs et l'eau jusqu'à ce qu'elle forme une pâte et mélangez-en un peu à la sauce. Cuire en remuant jusqu'à ce que la sauce épaississe. Vous n'aurez peut-être pas besoin de toute la pâte de semoule de maïs si vous laissez la sauce réduire pendant la cuisson.

Agneau au chou

Pour 4 personnes

45 ml/3 cuillères à soupe d'huile d'arachide
450 g/1 lb d'agneau tranché finement
sel et poivre noir fraîchement moulu
1 gousse d'ail écrasée
450 g/1 lb de chou chinois, râpé
120 ml/4 fl oz/½ tasse de bouillon
15 ml/1 cuillère à soupe de farine de maïs (amidon de maïs)
15 ml/1 cuillère à soupe de sauce soja
60 ml/4 cuillères à soupe d'eau

Faites chauffer l'huile et faites revenir l'agneau, le sel, le poivre et l'ail jusqu'à ce qu'ils soient légèrement dorés. Ajouter le chou et remuer jusqu'à ce qu'il soit recouvert d'huile. Ajouter le bouillon, porter à ébullition, couvrir et laisser mijoter 10 minutes. Mélangez la maïzena, la sauce soja et l'eau jusqu'à obtenir une pâte, mélangez dans la poêle et faites cuire en remuant jusqu'à ce que la sauce s'éclaircisse et épaississe.

Chow Mein à l'Agneau

Pour 4 personnes

450 g/1 lb de nouilles aux œufs
45 ml/3 cuillères à soupe d'huile d'arachide
450 g/1 lb d'agneau, tranché
1 oignon émincé
1 cœur de céleri tranché
100 g de champignons
100 g/4 oz de germes de soja
20 ml/2 cuillères à café de farine de maïs (amidon de maïs)
175 ml/6 fl oz/¬œ tasse d'eau
sel et poivre fraîchement moulu

Faites cuire les pâtes dans l'eau bouillante pendant environ 8 minutes, puis égouttez-les. Faites chauffer l'huile et faites frire l'agneau jusqu'à ce qu'il soit légèrement doré. Ajouter l'oignon, le céleri, les champignons et les germes de soja et

faire revenir pendant 5 minutes. Mélangez la semoule de maïs et l'eau, versez dans la casserole et portez à ébullition. Cuire en remuant jusqu'à ce que la sauce épaississe. Versez sur les pâtes et servez aussitôt.

Curry d'agneau

Pour 4 personnes

30 ml/2 cuillères à soupe d'huile d'arachide
2 gousses d'ail écrasées
1 tranche de racine de gingembre hachée
450 g/1 lb d'agneau maigre, coupé en cubes
100 g de pommes de terre en dés
2 carottes coupées en dés
15 ml/1 cuillère à soupe de poudre de curry
250 ml/8 fl oz/1 tasse de bouillon de poulet
100 g/4 oz de champignons, tranchés
1 poivron vert haché
50 g de châtaignes d'eau tranchées

Faites chauffer l'huile et faites revenir l'ail et le gingembre jusqu'à ce qu'ils soient légèrement dorés. Ajoutez l'agneau et faites revenir 5 minutes. Ajoutez la pomme de terre et la carotte et faites revenir 3 minutes. Ajoutez la poudre de curry et faites revenir 1 minute. Ajouter le bouillon, porter à ébullition, couvrir et laisser cuire environ 25 minutes. Ajoutez les champignons, le poivre et les châtaignes d'eau et laissez cuire 5 minutes. Si vous préférez une sauce plus épaisse, faites bouillir quelques minutes pour réduire la sauce ou épaississez avec 15 ml/1 cuillère à soupe de maïzena mélangée à un peu d'eau.

Agneau Parfumé

Pour 4 personnes

30 ml/2 cuillères à soupe d'huile d'arachide
450 g/1 lb d'agneau maigre, coupé en cubes
2 ciboulette (ciboulette), hachée
1 gousse d'ail écrasée
1 tranche de racine de gingembre hachée
120 ml/4 fl oz/¬Ω tasse de sauce soja
15 ml/1 cuillère à soupe de vin de riz ou de xérès sec
15 ml/1 cuillère à soupe de cassonade

2,5 ml/½ cuillère à café de sel
poivre fraîchement moulu
300 ml/½ pt/1¼ tasse d'eau

Faites chauffer l'huile et faites frire l'agneau jusqu'à ce qu'il soit légèrement doré. Ajoutez les oignons nouveaux, l'ail et le gingembre et faites revenir 2 minutes. Ajouter la sauce soja, le vin ou le xérès, le sucre et le sel et assaisonner au goût avec du poivre. Mélangez bien les ingrédients. Ajouter l'eau, porter à ébullition, couvrir et laisser cuire 2 heures.

Cubes d'agneau grillés

Pour 4 personnes

120 ml/4 fl oz/½ tasse d'huile d'arachide (cacahuète)
60 ml/4 cuillères à soupe de vinaigre de vin
2 gousses d'ail écrasées
15 ml/1 cuillère à soupe de sauce soja
5 ml/1 cuillère à café de sel
2,5 ml/½ cuillère à café de poivre fraîchement moulu
2,5 ml/½ cuillère à café d'origan
450 g/1 lb d'agneau maigre, coupé en cubes

Mélanger tous les ingrédients, couvrir et laisser mariner toute la nuit. Vidange. Placer la viande sur un grill et faire griller (grill) pendant environ 15 minutes, en la retournant plusieurs fois, jusqu'à ce que l'agneau soit tendre et légèrement doré.

Agneau au Mangetout

Pour 4 personnes

2 gousses d'ail écrasées

2,5 ml/¬Ω cuillère à café de sel

450 g/1 lb d'agneau, coupé en dés

30 ml/ 2 cuillères à soupe de farine de maïs (amidon de maïs)

30 ml/2 cuillères à soupe d'huile d'arachide

450 g de mangetout (pois), coupés en 4

250 ml/8 fl oz/1 tasse de bouillon de poulet

10 ml/2 cuillères à café de zeste de citron râpé

30 ml/2 cuillères à soupe de miel

30 ml/2 cuillères à soupe de sauce soja
5 ml/1 cuillère à café de coriandre moulue
5 ml/1 cuillère à café de graines de cumin moulues
30 ml/2 cuillères à soupe de purée de tomates (pâte)
30 ml/2 cuillères à soupe de vinaigre de vin

Mélangez l'ail et le sel et mélangez avec l'agneau. Enrober l'agneau de semoule de maïs. Faites chauffer l'huile et faites frire l'agneau jusqu'à ce qu'il soit cuit. Ajoutez le mangetout et faites revenir 2 minutes. Mélangez le reste de farine de maïs avec le bouillon et versez-le dans la poêle avec les autres ingrédients. Portez à ébullition en remuant et laissez cuire 3 minutes.

Agneau mariné

Pour 4 personnes

450 g/1 lb d'agneau maigre
2 gousses d'ail écrasées
5 ml/1 cuillère à café de sel
120 ml/4 fl oz/¬Ω tasse de sauce soja
5 ml/1 cuillère à café de sel de céleri
huile de friture

Placer l'agneau dans une casserole et couvrir d'eau froide. Ajouter l'ail et le sel, porter à ébullition, couvrir et laisser mijoter

1 heure jusqu'à ce que l'agneau soit bien cuit. Retirer de la poêle et égoutter. Placer l'agneau dans un bol, ajouter la sauce soja et saupoudrer de sel de céleri. Couvrir et laisser mariner 2 heures ou toute la nuit. Coupez l'agneau en petits morceaux. Faites chauffer l'huile et faites frire l'agneau jusqu'à ce qu'il soit friable. Bien égoutter avant de servir.

Agneau aux Champignons

Pour 4 personnes

45 ml/3 cuillères à soupe d'huile d'arachide
350 g/12 oz de champignons, tranchés
100 g/4 oz de pousses de bambou, tranchées
3 tranches de racine de gingembre hachée
450 g/1 lb d'agneau tranché finement
250 ml/8 fl oz/1 tasse de bouillon
15 ml/1 cuillère à soupe de farine de maïs (amidon de maïs)
15 ml/1 cuillère à soupe de sauce soja

60 ml/4 cuillères à soupe d'eau

Faites chauffer l'huile et faites revenir les champignons, les pousses de bambou et le gingembre pendant 3 minutes. Ajouter l'agneau et faire revenir jusqu'à ce qu'il soit légèrement doré. Ajouter le bouillon, porter à ébullition, couvrir et laisser mijoter environ 30 minutes jusqu'à ce que l'agneau soit bien cuit et que la sauce soit réduite de moitié. Mélanger la farine de maïs, la sauce soja et l'eau, ajouter dans la poêle et cuire en remuant jusqu'à ce que la sauce s'éclaircisse et épaississe.

Agneau à la Sauce aux Huîtres

Pour 4 personnes

30 ml/2 cuillères à soupe d'huile d'arachide

1 gousse d'ail écrasée

1 tranche de gingembre haché

450 g/1 lb d'agneaux maigres, tranchés

250 ml/8 fl oz/1 tasse de bouillon

30 ml/2 cuillères à soupe de sauce aux huîtres

15 ml/1 cuillère à soupe de vin de riz ou de xérès
5 ml/1 cuillère à café de sucre

Faites chauffer l'huile avec l'ail et le gingembre et faites-les revenir jusqu'à ce qu'ils soient légèrement dorés. Ajouter l'agneau et faire revenir environ 3 minutes jusqu'à ce qu'il soit légèrement doré. Ajouter le bouillon, la sauce aux huîtres, le vin ou le xérès et le sucre, porter à ébullition en remuant, couvrir et cuire environ 30 minutes en remuant de temps en temps jusqu'à ce que l'agneau soit bien cuit. Retirez le couvercle et poursuivez la cuisson en remuant pendant environ 4 minutes, jusqu'à ce que la sauce réduise et épaississe.

Agneau Cuit Rouge

Pour 4 personnes

30 ml/2 cuillères à soupe d'huile d'arachide
450 g/1 lb de côtelettes d'agneau
250 ml/8 fl oz/1 tasse de bouillon de poulet
1 oignon coupé en tranches

120 ml/4 fl oz/½ tasse de sauce soja
5 ml/1 cuillère à café de sel
1 tranche de racine de gingembre hachée

Faites chauffer l'huile et faites frire les côtelettes jusqu'à ce qu'elles soient dorées des deux côtés. Ajouter le reste des ingrédients, porter à ébullition, couvrir et laisser mijoter environ 1½ heures jusqu'à ce que l'agneau soit tendre et que la sauce ait réduit.

Agneau à la ciboulette

Pour 4 personnes

350 g/12 oz d'agneau maigre, coupé en cubes
30 ml/2 cuillères à soupe de sauce soja
30 ml/2 cuillères à soupe de vin de riz ou de xérès sec
30 ml/2 cuillères à soupe d'huile d'arachide
2 gousses d'ail écrasées

8 oignons verts (ciboulette), tranchés épaissement

Placer l'agneau dans un bol. Mélangez 15 ml/1 cuillère à soupe de sauce soja, 15 ml/1 cuillère à soupe de vin ou de xérès et 15 ml/1 cuillère à soupe d'huile et mélangez à l'agneau. Laissez mariner 30 minutes. Faites chauffer le reste de l'huile et faites revenir l'ail jusqu'à ce qu'il soit légèrement doré. Égoutter la viande, l'ajouter à la poêle et faire revenir 3 minutes. Ajoutez les oignons nouveaux et faites revenir 2 minutes. Ajoutez la marinade et le reste de la sauce soja et le vin ou le xérès et faites frire pendant 3 minutes.

Steaks d'agneau tendres

Pour 4 personnes

450 g/1 lb d'agneau maigre

15 ml/1 cuillère à soupe de sauce soja

10 ml/2 cuillères à café de vin de riz ou de xérès sec

2,5 ml/¬Ω cuillère à café de sel

1 petit oignon haché

45 ml/3 cuillères à soupe d'huile d'arachide

Coupez l'agneau en fines tranches à contre-courant et disposez-les sur une assiette. Mélangez la sauce soja, le vin ou le xérès, le sel et l'huile d'olive, versez sur l'agneau, couvrez et laissez mariner 1 heure. Sèche bien. Faites chauffer l'huile et faites frire l'agneau pendant environ 2 minutes jusqu'à ce qu'il soit tendre.

ragoût d'agneau

Pour 4 personnes

45 ml/3 cuillères à soupe d'huile d'arachide
2 gousses d'ail écrasées
5 ml/1 cuillère à café de sauce soja
450 g/1 lb d'agneau maigre, coupé en cubes

poivre fraîchement moulu

30 ml/2 cuillères à soupe de farine nature (tout usage)

300 ml/¬Ω pt/1¬° tasse d'eau

15 ml / 1 cuillère à soupe de purée de tomates (pâte)

1 feuille de laurier

100 g/4 oz de champignons, coupés en deux

3 carottes, coupées en quartiers

6 petits oignons, coupés en quartiers

15 ml/1 cuillère à soupe de sucre

1 branche de céleri tranchée

3 pommes de terre en dés

15 ml/1 cuillère à soupe de vin de riz ou de xérès sec

50 g de petits pois

15 ml/1 cuillère à soupe de persil frais haché

Faites chauffer la moitié de l'huile. Mélanger l'ail et la sauce soja avec l'agneau et assaisonner de poivre. Faire frire la viande jusqu'à ce qu'elle soit légèrement dorée. Saupoudrer de farine et cuire en remuant jusqu'à ce que la farine soit absorbée. Ajoutez l'eau, le concentré de tomates et les feuilles de laurier, portez à ébullition, couvrez et laissez cuire 30 minutes. Faites chauffer le reste de l'huile et faites revenir les champignons pendant 3 minutes puis retirez-les de la poêle. Ajoutez les carottes et les oignons dans la poêle et faites revenir 2 minutes. Saupoudrer de sucre et chauffer jusqu'à ce que les légumes brillent. Ajoutez les champignons, les carottes, les oignons, le céleri et les pommes de terre au ragoût, couvrez à nouveau et laissez cuire encore 1 heure. Ajoutez le vin ou le xérès, les petits pois et le persil, couvrez et laissez cuire encore 30 minutes.

Agneau frit

Pour 4 personnes

350 g d'agneau maigre, coupé en lanières
1 tranche de racine de gingembre, hachée finement

3 oeufs battus

45 ml/3 cuillères à soupe d'huile d'arachide

2,5 ml/½ cuillère à café de sel

5 ml/1 cuillère à café de vin de riz ou de xérès sec

Mélangez l'agneau, le gingembre et les œufs. Faites chauffer l'huile et faites frire le mélange d'agneau pendant 2 minutes. Ajoutez le sel et le vin ou le xérès et faites frire pendant 2 minutes.

Agneau et Légumes

Pour 4 personnes

225 g/8 oz d'agneau maigre, tranché
100 g/4 oz de pousses de bambou, tranchées
100 g/4 oz de châtaignes d'eau, tranchées
100 g/4 oz de champignons, tranchés
30 ml/2 cuillères à soupe d'huile d'arachide
30 ml/2 cuillères à soupe de sauce soja
30 ml/2 cuillères à soupe de vin de riz ou de xérès sec
2 gousses d'ail écrasées
4 oignons verts (oignons verts), tranchés
150 ml/¬° pt/¬Ω généreuse tasse de bouillon de poulet
15 ml/1 cuillère à soupe d'huile de sésame
15 ml/1 cuillère à soupe de farine de maïs (amidon de maïs)

Incorporer l'agneau, les pousses de bambou, les châtaignes d'eau et les champignons. Mélangez 15 ml/1 cuillère à soupe d'huile, 15 ml/1 cuillère à soupe de sauce soja et 15 ml/1 cuillère à soupe de vin ou de xérès et versez sur le mélange d'agneau. Laisser mariner 1 heure. Faites chauffer le reste de l'huile et faites revenir l'ail jusqu'à ce qu'il soit légèrement doré. Ajouter le mélange de viande et faire revenir jusqu'à ce qu'il soit doré. Incorporer les oignons nouveaux et ajouter le reste de la sauce soja et le vin ou le xérès, la majeure partie du bouillon et l'huile de sésame. Portez à ébullition en remuant, couvrez et laissez cuire 10 minutes. Mélanger la farine de maïs avec le reste du bouillon, ajouter à la sauce et cuire en remuant jusqu'à ce que la sauce s'éclaircisse et épaississe.

Agneau au Tofu

Pour 4 personnes

60 ml/4 cuillères à soupe d'huile d'arachide
450 g/1 lb d'agneau maigre, haché grossièrement
3 gousses d'ail écrasées
2 ciboulette (ciboulette), hachée
4 châtaignes d'eau coupées en cubes
5 ml/1 cuillère à café de zeste d'orange râpé
15 ml/1 cuillère à soupe de sauce soja
pincée de sel
100 g/4 oz de tofu, en cubes
2,5 ml/¬Ω cuillère à café de sauce aux huîtres
2,5 ml/¬Ω cuillère à café d'huile de sésame

Faites chauffer la moitié de l'huile et faites revenir l'agneau, l'ail et l'oignon jusqu'à ce qu'ils soient légèrement dorés. Ajoutez les châtaignes d'eau, le zeste d'orange et la sauce soja et juste assez d'eau bouillante pour recouvrir la viande. Portez à nouveau à ébullition, couvrez et laissez cuire environ 30 minutes jusqu'à ce que l'agneau soit bien tendre. Pendant ce temps, faites chauffer le reste de l'huile et faites frire le tofu jusqu'à ce qu'il soit légèrement doré. Ajouter à l'agneau avec la sauce d'huîtres et l'huile de sésame et cuire à découvert pendant 5 minutes.

agneau rôti

Pour 4 à 6 personnes

2 kg/4 lb de gigot d'agneau
120 ml/4 fl oz/¬Ω tasse de sauce soja
1 oignon haché
2 gousses d'ail écrasées
1 tranche de racine de gingembre hachée
50 g/2 oz/ième tasse de cassonade
30 ml/2 cuillères à soupe de vin de riz ou de xérès sec
30 ml/2 cuillères à soupe de purée de tomates (pâte)
15 ml/1 cuillère à soupe de vinaigre de vin
15 ml/1 cuillère à soupe de jus de citron

Disposez l'agneau dans une assiette. Réduisez en purée le reste des ingrédients et versez-les sur l'agneau, couvrez et réfrigérez toute la nuit, en retournant et en arrosant de temps en temps.

Rôtir l'agneau dans un four préchauffé à 220¬∞C/425¬∞F/thermostat 7 pendant 10 minutes, puis réduire le feu à 190¬∞C/375¬∞F/thermostat 5 et poursuivre la cuisson 20 minutes par minute. 450 g/1 lb plus 20 minutes, en arrosant de temps en temps avec la marinade.

Agneau rôti à la moutarde

Pour 8 personnes

75 ml/5 cuillères à soupe de moutarde préparée
15 ml/1 cuillère à soupe de sauce soja
1 gousse d'ail écrasée
5 ml/1 cuillère à café de thym frais haché
1 tranche de racine de gingembre hachée
15 ml/1 cuillère à soupe d'huile d'arachide
1,25 kg/3 lb de gigot d'agneau

Mélanger tous les ingrédients de l'assaisonnement jusqu'à obtenir une consistance crémeuse. Répartir sur l'agneau et laisser reposer quelques heures. Cuire au four dans un four préchauffé à 180 °C/350 °F/gaz thermostat 4 pendant environ 1 ½ heures.

Poitrine d'agneau farcie

Pour 6 à 8 personnes

1 poitrine d'agneau
225 g/8 oz de riz à grains longs cuit
1 petit poivron vert, haché
2 ciboulette (ciboulette), hachée
90 ml/6 cuillères à soupe d'huile d'arachide
sel et poivre fraîchement moulu
375 ml/13 fl oz/1¬Ω tasses d'eau
15 ml/1 cuillère à soupe de farine de maïs (amidon de maïs)
15 ml/1 cuillère à soupe de sauce soja

Découpez une poche dans l'extrémité large de la poitrine d'agneau. Mélangez le riz, le poivre, la ciboulette, 30 ml/2 cuillères à soupe d'huile d'olive, le sel et le poivre et remplissez la cavité avec le mélange. Fixez l'extrémité avec de la ficelle. Faites chauffer le reste de l'huile et faites frire l'agneau jusqu'à ce qu'il soit légèrement doré de tous les côtés. Assaisonner de sel et de poivre, ajouter 250 ml/8 fl oz/1 tasse d'eau, porter à ébullition, couvrir et cuire pendant 2 heures ou jusqu'à ce que la viande soit tendre. Mélangez la farine de maïs, la sauce soja et le reste de l'eau jusqu'à ce qu'elle forme une pâte, mélangez dans la poêle et faites cuire en remuant jusqu'à ce que la sauce s'éclaircisse et épaississe.

Agneau rôti

Pour 4 personnes
100 g de chapelure
4 œufs durs (à la coque), hachés
225 g/8 oz d'agneau cuit, haché
300 ml/¬Ω pt/1¬° tasse de bouillon
15 ml/1 cuillère à soupe de sauce soja
15 ml/1 cuillère à soupe de farine de maïs (amidon de maïs)
30 ml/2 cuillères à soupe d'eau

Disposez la chapelure, les œufs durs et l'agneau en couches dans un plat allant au four. Portez à ébullition le bouillon et la sauce soja dans une casserole. Mélangez la farine de maïs et l'eau jusqu'à former une pâte, ajoutez-la au bouillon et faites cuire en remuant jusqu'à ce que la sauce épaississe. Verser sur le mélange d'agneau, couvrir et cuire au four préchauffé à 180 ¬∞C/350 ¬∞C/thermostat 4 pendant environ 25 minutes jusqu'à ce qu'il soit doré.

Agneau et Riz

Pour 4 personnes

30 ml/2 cuillères à soupe d'huile d'arachide

350 g/12 oz d'agneau cuit, coupé en cubes

600 ml/1 pt/2½ tasses de bouillon

10 ml/2 cuillères à café de sel

10 ml/2 cuillères à café de sauce soja

4 oignons, coupés en quartiers

2 carottes tranchées

50 g de petits pois

15 ml/1 cuillère à soupe de farine de maïs (amidon de maïs)

30 ml/2 cuillères à soupe d'eau

350 g/12 oz de riz à grains longs cuit, chaud

Faites chauffer l'huile et faites frire l'agneau jusqu'à ce qu'il soit légèrement doré. Ajouter le bouillon, le sel et la sauce soja, porter à ébullition, couvrir et laisser mijoter 10 minutes. Ajouter l'oignon, la carotte et les petits pois, couvrir et cuire 20 minutes jusqu'à ce que les légumes soient tendres. Versez le liquide dans une casserole. Mélanger la farine de maïs et l'eau jusqu'à former une pâte, ajouter à la sauce et cuire en remuant jusqu'à ce que la sauce s'éclaircisse et épaississe. Disposez le riz sur une assiette chauffée et déposez le mélange d'agneau dessus. Versez dessus la sauce et servez aussitôt.

Agneau Saule

Pour 3 personnes
450 g/1 lb d'agneau maigre
1 oeuf légèrement battu
30 ml/2 cuillères à soupe de sauce soja
5 ml/1 cuillère à café de farine de maïs (amidon de maïs)
pincée de sel
huile de friture
1 petite carotte, râpée
1 gousse d'ail écrasée
2,5 ml/½ cuillère à café de sucre
2,5 ml/½ cuillère à café de vinaigre de vin
2,5 ml/½ cuillère à café de vin de riz ou de xérès sec
poivre fraîchement moulu

Coupez l'agneau en fines lanières d'environ 5 cm de long. Mélangez l'œuf, 15 ml/1 cuillère à soupe de sauce soja, la farine de maïs et le sel, mélangez avec l'agneau et laissez mariner encore 30 minutes. Faites chauffer l'huile et faites frire l'agneau jusqu'à ce qu'il soit à moitié cuit. Retirer de la poêle et égoutter. Retirez tout sauf 30 ml/2 cuillères à soupe d'huile et faites revenir la carotte et l'ail pendant 1 minute. Ajoutez l'agneau et les autres ingrédients et faites frire pendant 3 minutes.

Porc aux Amandes

Pour 4 personnes

60 ml/4 cuillères à soupe d'huile d'arachide
50 g/2 oz/½ tasse d'amandes effilées
350 g/12 oz de porc en dés
100 g/4 oz de pousses de bambou, coupées en dés
3 branches de céleri coupées en dés
50 g de petits pois
4 châtaignes d'eau coupées en cubes
100 g/4 oz de champignons, coupés en dés
250 ml/8 fl oz/1 tasse de bouillon
45 ml/3 cuillères à soupe de sauce soja
sel et poivre fraîchement moulu

Faites chauffer l'huile et faites frire les amandes jusqu'à ce qu'elles soient légèrement dorées. Retirez la majeure partie de l'huile, ajoutez le porc et faites frire pendant 1 minute. Ajoutez les pousses de bambou, le céleri, les petits pois, les châtaignes d'eau et les champignons et faites revenir 1 minute. Ajouter le bouillon, la sauce soja, le sel et le poivre, porter à ébullition, couvrir et laisser mijoter 10 minutes.

Porc aux Pousses de Bambou

Pour 4 personnes

30 ml/2 cuillères à soupe d'huile d'arachide

450 g/1 lb de porc maigre, coupé en cubes

3 oignons verts (oignons verts), tranchés

2 gousses d'ail écrasées

1 tranche de racine de gingembre hachée

250 ml/8 fl oz/1 tasse de sauce soja

30 ml/2 cuillères à soupe de vin de riz ou de xérès sec

30 ml/2 cuillères à soupe de cassonade

5 ml/1 cuillère à café de sel

600 ml/1 pt/2½ tasses d'eau

100 g/4 oz de pousses de bambou, tranchées

Faites chauffer l'huile et faites frire le porc jusqu'à ce qu'il soit doré. Égoutter l'excès d'huile, ajouter l'oignon nouveau, l'ail et le gingembre et faire revenir 2 minutes. Ajoutez la sauce soja, le vin ou le xérès, le sucre et le sel et remuez bien. Ajouter l'eau, porter à ébullition, couvrir et cuire 45 minutes. Ajoutez les pousses de bambou, couvrez et laissez cuire encore 20 minutes.

Porc rôti

Pour 4 personnes

2 filets de porc
30 ml/2 cuillères à soupe de vin rouge
15 ml/1 cuillère à soupe de cassonade
15 ml/1 cuillère à soupe de miel
60 ml/4 cuillères à soupe de sauce soja
2,5 ml/½ cuillère à café de cannelle
10 ml / 2 cuillères à café de colorant alimentaire rouge (facultatif)
1 gousse d'ail écrasée
1 ciboulette (ciboulette) coupée en morceaux

Mettez la viande dans un bol. Mélangez tous les ingrédients restants, versez sur le porc et laissez mariner 2 heures en retournant de temps en temps. Égouttez la viande et placez-la sur une grille dans une rôtissoire. Cuire au four préchauffé à 180°C/350°'F/thermostat 4 pendant environ 45 minutes en retournant et en arrosant de marinade pendant la cuisson. Servir coupé en fines tranches.

Porc et germes de soja

Pour 4 personnes

225 g/8 oz de porc maigre, coupé en lanières
1 tranche de racine de gingembre hachée
30 ml/2 cuillères à soupe de sauce soja
15 ml/1 cuillère à soupe de vin de riz ou de xérès sec
2,5 ml/½ cuillère à café de sucre
450 g/1 lb de germes de soja
45 ml/3 cuillères à soupe d'huile d'arachide
2,5 ml/½ cuillère à café de sel

Mélangez le porc, le gingembre, 15 ml/1 cuillère à soupe de sauce soja, le vin ou le xérès et le sucre. Blanchissez les germes de soja dans l'eau bouillante pendant 2 minutes, puis égouttez-les. Faites chauffer la moitié de l'huile et faites frire le porc pendant 3 minutes jusqu'à ce qu'il soit légèrement doré. Retirer de la poêle. Faites chauffer le reste de l'huile et faites revenir les germes de soja avec le sel pendant 1 minute. Saupoudrer du reste de sauce soja et faire revenir encore 1 minute. Remettez le porc dans la poêle et faites-le revenir jusqu'à ce qu'il soit bien chaud.

Poulet Frit Simple

Pour 4 personnes

1 poitrine de poulet, tranchée finement
2 tranches de racine de gingembre hachée
2 ciboulette (ciboulette), hachée
15 ml/1 cuillère à soupe de farine de maïs (amidon de maïs)
15 ml/1 cuillère à soupe de vin de riz ou de xérès sec
30 ml/2 cuillères à soupe d'eau
2,5 ml/½ cuillère à café de sel
45 ml/3 cuillères à soupe d'huile d'arachide
100 g/4 oz de pousses de bambou, tranchées
100 g/4 oz de champignons, tranchés
100 g/4 oz de germes de soja
15 ml/1 cuillère à soupe de sauce soja
5 ml/1 cuillère à café de sucre
120 ml/4 fl oz/½ tasse de bouillon de poulet

Placer le poulet dans un bol. Mélangez le gingembre, la ciboulette, la farine de maïs, le vin ou le xérès, l'eau et le sel, ajoutez au poulet et laissez reposer 1 heure. Faites chauffer la moitié de l'huile et faites frire le poulet jusqu'à ce qu'il soit légèrement doré, puis retirez-le de la poêle. Faites chauffer le reste de l'huile et faites revenir les pousses de bambou, les champignons et les germes de soja pendant 4 minutes. Ajouter la sauce soja, le sucre et le bouillon, porter à ébullition, couvrir et cuire 5 minutes jusqu'à ce que les légumes soient tendres. Remettez le poulet dans la poêle, remuez bien et faites chauffer doucement avant de servir.

Poulet à la sauce tomate

Pour 4 personnes

30 ml/2 cuillères à soupe d'huile d'arachide
5 ml/1 cuillère à café de sel
2 gousses d'ail écrasées
450 g/1 lb de poulet en dés
300 ml/½ pt/1¼ tasse de bouillon de poulet
120 ml/4 fl oz/½ tasse de ketchup aux tomates (ketchup)
15 ml/1 cuillère à soupe de farine de maïs (amidon de maïs)
4 oignons verts (oignons verts), tranchés

Faites chauffer l'huile d'olive avec le sel et l'ail jusqu'à ce que l'ail soit légèrement doré. Ajouter le poulet et faire revenir jusqu'à ce qu'il soit légèrement doré. Ajouter la majeure partie du bouillon, porter à ébullition, couvrir et cuire environ 15 minutes jusqu'à ce que le poulet soit tendre. Mélangez le reste du bouillon avec le ketchup et la semoule de maïs et mélangez dans la poêle. Cuire en remuant jusqu'à ce que la sauce épaississe et s'éclaircisse. Si la sauce est trop liquide, laissez-la mijoter un peu jusqu'à ce qu'elle réduise. Ajouter les oignons nouveaux et cuire 2 minutes avant de servir.

Poulet à la Tomate

Pour 4 personnes

225 g/8 oz de poulet en dés
15 ml/1 cuillère à soupe de farine de maïs (amidon de maïs)
15 ml/1 cuillère à soupe de sauce soja
15 ml/1 cuillère à soupe de vin de riz ou de xérès sec
45 ml/3 cuillères à soupe d'huile d'arachide
1 oignon coupé en cubes
60 ml/4 cuillères à soupe de bouillon de poulet
5 ml/1 cuillère à café de sel
5 ml/1 cuillère à café de sucre
2 tomates pelées et coupées en cubes

Mélangez le poulet avec la semoule de maïs, la sauce soja et le vin ou le xérès et laissez reposer 30 minutes. Faites chauffer l'huile et faites frire le poulet jusqu'à ce qu'il soit légèrement doré. Ajouter l'oignon et faire revenir jusqu'à ce qu'il soit tendre. Ajoutez le bouillon, le sel et le sucre, portez à ébullition et remuez doucement à feu doux jusqu'à ce que le poulet soit cuit.

Ajouter les tomates et remuer jusqu'à ce qu'elles soient bien chaudes.

Poulet poché à la tomate

Pour 4 personnes

4 portions de poulet
4 tomates pelées et coupées en quartiers
15 ml/1 cuillère à soupe de vin de riz ou de xérès sec
15 ml/1 cuillère à soupe d'huile d'arachide
sel

Placer le poulet dans une casserole et couvrir d'eau froide. Portez à ébullition, couvrez et laissez cuire 20 minutes. Ajoutez les tomates, le vin ou le xérès, l'huile d'olive et le sel, couvrez et laissez cuire encore 10 minutes jusqu'à ce que le poulet soit bien cuit. Placez le poulet sur une assiette chauffée et coupez-le en morceaux. Réchauffez la sauce et versez sur le poulet pour servir.

Poulet et tomates avec sauce aux haricots noirs

Pour 4 personnes

45 ml/3 cuillères à soupe d'huile d'arachide

1 gousse d'ail écrasée

45 ml/3 cuillères à soupe de sauce aux haricots noirs

225 g/8 oz de poulet en dés

15 ml/1 cuillère à soupe de vin de riz ou de xérès sec

5 ml/1 cuillère à café de sucre

15 ml/1 cuillère à soupe de sauce soja

90 ml/6 cuillères à soupe de bouillon de poulet

3 tomates pelées et coupées en quartiers

10 ml/2 cuillère à café de farine de maïs (amidon de maïs)

45 ml/3 cuillères à soupe d'eau

Faites chauffer l'huile d'olive et faites revenir l'ail pendant 30 secondes. Ajoutez la sauce aux haricots noirs et faites frire pendant 30 secondes, puis ajoutez le poulet et remuez jusqu'à ce qu'il soit bien enrobé d'huile. Ajoutez le vin ou le xérès, le sucre, la sauce soja et le bouillon, portez à ébullition, couvrez et laissez cuire environ 5 minutes jusqu'à ce que le poulet soit bien cuit. Mélangez la maïzena et l'eau jusqu'à obtenir une pâte, mélangez dans la poêle et faites cuire en remuant jusqu'à ce que la sauce s'éclaircisse et épaississe.

Poulet cuit rapidement avec des légumes

Pour 4 personnes

1 blanc d'oeuf
50 g/2 oz de farine de maïs (amidon de maïs)
225 g/8 oz de poitrine de poulet, coupée en lanières
75 ml/5 cuillères à soupe d'huile d'arachide
200 g/7 oz de pousses de bambou, coupées en lanières
50 g/2 oz de germes de soja
1 poivron vert coupé en lanières
3 oignons verts (oignons verts), tranchés
1 tranche de racine de gingembre hachée
1 gousse d'ail émincée
15 ml/1 cuillère à soupe de vin de riz ou de xérès sec

Battez le blanc d'œuf et la farine de maïs et plongez les lanières de poulet dans le mélange. Chauffer l'huile à feu moyen et faire revenir le poulet pendant quelques minutes jusqu'à ce qu'il soit cuit. Retirer de la poêle et bien égoutter. Ajoutez les pousses de bambou, les germes de soja, le poivre, l'oignon, le gingembre et l'ail dans la poêle et faites revenir 3 minutes. Ajoutez le vin ou le xérès et remettez le poulet dans la poêle. Bien mélanger et réchauffer avant de servir.

Poulet aux noix

Pour 4 personnes

45 ml/3 cuillères à soupe d'huile d'arachide
2 ciboulette (ciboulette), hachée
1 tranche de racine de gingembre hachée
450 g/1 lb de poitrine de poulet, tranchée très finement
50 g de jambon râpé
30 ml/2 cuillères à soupe de sauce soja
30 ml/2 cuillères à soupe de vin de riz ou de xérès sec
5 ml/1 cuillère à café de sucre
5 ml/1 cuillère à café de sel
100 g/4 oz/1 tasse de noix hachées

Faites chauffer l'huile et faites revenir l'oignon et le gingembre pendant 1 minute. Ajouter le poulet et le jambon et faire revenir pendant 5 minutes jusqu'à ce qu'ils soient presque cuits. Ajoutez la sauce soja, le vin ou le xérès, le sucre et le sel et faites revenir 3 minutes. Ajoutez les noix et faites frire pendant 1 minute jusqu'à ce que les ingrédients soient bien mélangés.

Poulet aux noix

Pour 4 personnes

100 g/4 oz/1 tasse de noix décortiquées, coupées en deux
huile de friture
45 ml/3 cuillères à soupe d'huile d'arachide
2 tranches de racine de gingembre hachée
225 g/8 oz de poulet en dés
100 g/4 oz de pousses de bambou, tranchées
75 ml/5 cuillères à soupe de bouillon de poulet

Préparez les noix, faites chauffer l'huile et faites revenir les noix jusqu'à ce qu'elles soient dorées et bien égouttées. Faites chauffer l'huile d'arachide et faites revenir le gingembre pendant 30 secondes. Ajouter le poulet et faire revenir jusqu'à ce qu'il soit légèrement doré. Ajouter le reste des ingrédients, porter à ébullition et cuire en remuant jusqu'à ce que le poulet soit bien cuit.

Poulet aux châtaignes d'eau

Pour 4 personnes

45 ml/3 cuillères à soupe d'huile d'arachide

2 gousses d'ail écrasées

2 ciboulette (ciboulette), hachée

1 tranche de racine de gingembre hachée

225 g/8 oz de poitrine de poulet, coupée en chips

100 g de châtaignes d'eau hachées

45 ml/3 cuillères à soupe de sauce soja

15 ml/1 cuillère à soupe de vin de riz ou de xérès sec

5 ml/1 cuillère à café de farine de maïs (amidon de maïs)

Faites chauffer l'huile et faites revenir l'ail, la ciboulette et le gingembre jusqu'à ce qu'ils soient légèrement dorés. Ajoutez le poulet et faites revenir 5 minutes. Ajoutez les châtaignes d'eau et faites revenir 3 minutes. Ajoutez la sauce soja, le vin ou le xérès et la maïzena et faites revenir environ 5 minutes jusqu'à ce que le poulet soit bien cuit.

Poulet salé aux châtaignes d'eau

Pour 4 personnes

30 ml/2 cuillères à soupe d'huile d'arachide
4 morceaux de poulet
3 ciboulette (ciboulette), hachée
2 gousses d'ail écrasées
1 tranche de racine de gingembre hachée
250 ml/8 fl oz/1 tasse de sauce soja
30 ml/2 cuillères à soupe de vin de riz ou de xérès sec
30 ml/2 cuillères à soupe de cassonade
5 ml/1 cuillère à café de sel
375 ml/13 fl oz/1¼ tasse d'eau
225 g/8 oz de châtaignes d'eau, tranchées
15 ml/1 cuillère à soupe de farine de maïs (amidon de maïs)

Faites chauffer l'huile et faites frire les morceaux de poulet jusqu'à ce qu'ils soient dorés. Ajoutez les oignons nouveaux, l'ail et le gingembre et faites revenir 2 minutes. Ajouter la sauce soja, le vin ou le xérès, le sucre et le sel et bien mélanger. Ajoutez de l'eau et portez à ébullition, couvrez et laissez cuire 20 minutes.

Ajoutez les châtaignes d'eau, couvrez et laissez cuire encore 20 minutes. Mélanger la farine de maïs avec un peu d'eau, ajouter à la sauce et cuire en remuant jusqu'à ce que la sauce s'éclaircisse et épaississe.

Wonton au poulet

Pour 4 personnes

4 champignons chinois séchés
450 g/1 lb de poitrine de poulet râpée
225 g/8 oz de légumes mélangés, hachés
1 ciboulette (ciboulette) hachée
15 ml/1 cuillère à soupe de sauce soja
2,5 ml/½ cuillère à café de sel
40 peaux de wonton
1 œuf battu

Faites tremper les champignons dans l'eau tiède pendant 30 minutes puis égouttez-les. Jetez les tiges et hachez le dessus. Mélanger avec le poulet, les légumes, la sauce soja et le sel.

Pour plier les wontons, tenez la coque dans la paume de votre main gauche et déposez un peu de garniture au centre. Humidifiez les bords avec l'œuf et pliez la coquille en triangle en scellant les bords. Humidifiez les coins avec l'œuf et essorez-les.

Portez une casserole d'eau à ébullition. Ajouter les wontons et cuire environ 10 minutes jusqu'à ce qu'ils flottent à la surface.

Ailes de poulet croustillantes

Pour 4 personnes

900 g/2 lb d'ailes de poulet
60 ml/4 cuillères à soupe de vin de riz ou de xérès sec
60 ml/4 cuillères à soupe de sauce soja
50 g/2 oz/½ tasse de farine de maïs (amidon de maïs)
huile d'arachide (arachide) pour la friture

Placez les ailes de poulet dans un bol. Mélangez le reste des ingrédients et versez sur les ailes de poulet en mélangeant bien pour qu'elles soient enrobées de sauce. Couvrir et laisser reposer 30 minutes. Faites chauffer l'huile et faites revenir le poulet petit à petit jusqu'à ce qu'il soit cuit et brun foncé. Bien égoutter sur du papier absorbant et réserver au chaud pendant que vous faites frire le reste du poulet.

Ailes de poulet aux cinq épices

Pour 4 personnes

30 ml/2 cuillères à soupe d'huile d'arachide

2 gousses d'ail écrasées

450 g d'ailes de poulet

250 ml/8 fl oz/1 tasse de bouillon de poulet

30 ml/2 cuillères à soupe de sauce soja

5 ml/1 cuillère à café de sucre

5 ml/1 cuillère à café de poudre aux cinq épices

Faites chauffer l'huile d'olive et l'ail jusqu'à ce qu'ils soient légèrement dorés. Ajouter le poulet et faire revenir jusqu'à ce qu'il soit légèrement doré. Ajouter le reste des ingrédients en remuant bien et porter à ébullition. Couvrir et cuire environ 15 minutes jusqu'à ce que le poulet soit cuit. Retirez le couvercle et poursuivez la cuisson en remuant de temps en temps jusqu'à ce que la quasi-totalité du liquide soit évaporée. Servir chaud ou froid.

Ailes de poulet marinées

Pour 4 personnes

45 ml/3 cuillères à soupe de sauce soja
45 ml/3 cuillères à soupe de vin de riz ou de xérès sec
30 ml/2 cuillères à soupe de cassonade
5 ml/1 cuillère à café de racine de gingembre râpée
2 gousses d'ail écrasées
6 oignons verts (oignons verts), tranchés
450 g d'ailes de poulet
30 ml/2 cuillères à soupe d'huile d'arachide
225 g/8 oz de pousses de bambou, tranchées
20 ml/4 cuillères à café de farine de maïs (amidon de maïs)
175 ml/6 fl oz/¾ tasse de bouillon de poulet

Mélangez la sauce soja, le vin ou le xérès, le sucre, le gingembre, l'ail et la ciboulette. Ajouter les ailes de poulet et remuer pour bien les enrober. Couvrir et laisser reposer 1 heure en remuant de temps en temps. Faites chauffer l'huile et faites frire les pousses de bambou pendant 2 minutes. Retirez-les de la poêle. Égoutter le poulet et l'oignon en réservant la marinade. Réchauffez l'huile et faites frire le poulet jusqu'à ce qu'il soit doré de tous les côtés. Couvrir et cuire encore 20 minutes jusqu'à ce que le poulet soit tendre. Mélangez la farine de maïs avec le bouillon et la marinade réservée. Verser sur le poulet et laisser mijoter en remuant jusqu'à ce que la sauce épaississe. Ajouter les pousses de bambou et cuire encore 2 minutes en remuant constamment.

Vraies ailes de poulet

Pour 4 personnes

12 ailes de poulet
250 ml/8 fl oz/1 tasse d'huile d'arachide (cacahuète)
15 ml/1 cuillère à soupe de sucre cristallisé
2 oignons nouveaux (ciboulette), coupés en morceaux
5 tranches de racine de gingembre
5 ml/1 cuillère à café de sel
45 ml/3 cuillères à soupe de sauce soja
250 ml/8 fl oz/1 tasse de vin de riz ou de xérès sec
250 ml/8 fl oz/1 tasse de bouillon de poulet
10 tranches de pousse de bambou
15 ml/1 cuillère à soupe de farine de maïs (amidon de maïs)
15 ml/1 cuillère à soupe d'eau
2,5 ml/½ cuillère à café d'huile de sésame

Blanchir les ailes de poulet dans l'eau bouillante pendant 5 minutes et bien les égoutter. Faites chauffer l'huile, ajoutez le sucre et remuez jusqu'à ce qu'il fonde et devienne doré. Ajouter le poulet, les oignons verts, le gingembre, le sel, la sauce soja, le vin et le bouillon, porter à ébullition et laisser mijoter 20 minutes. Ajouter les pousses de bambou et cuire 2 minutes ou jusqu'à ce que le liquide soit presque entièrement évaporé. Mélangez la farine de maïs avec l'eau, mélangez dans la casserole et remuez jusqu'à ce qu'elle épaississe. Transférer les ailes de poulet dans un plat chauffé et servir arrosé d'huile de sésame.

Ailes de poulet assaisonnées

Pour 4 personnes
30 ml/2 cuillères à soupe d'huile d'arachide
5 ml/1 cuillère à café de sel
2 gousses d'ail écrasées
900 g/2 lb d'ailes de poulet
30 ml/2 cuillères à soupe de vin de riz ou de xérès sec
30 ml/2 cuillères à soupe de sauce soja
30 ml/2 cuillères à soupe de purée de tomates (pâte)
15 ml/1 cuillère à soupe de sauce Worcestershire

Faites chauffer l'huile d'olive, le sel et l'ail et faites revenir jusqu'à ce que l'ail soit légèrement doré. Ajouter les ailes de poulet et faire revenir, en remuant fréquemment, pendant environ

10 minutes jusqu'à ce qu'elles soient dorées et presque cuites. Ajoutez le reste des ingrédients et faites frire pendant environ 5 minutes jusqu'à ce que le poulet soit croustillant et bien cuit.

Pilons de poulet au four

Pour 4 personnes

16 pilons de poulet
30 ml/2 cuillères à soupe de vin de riz ou de xérès sec
30 ml/2 cuillères à soupe de vinaigre de vin
30 ml/2 cuillères à soupe d'huile d'olive
sel et poivre fraîchement moulu
120 ml/4 fl oz/½ tasse de jus d'orange
30 ml/2 cuillères à soupe de sauce soja
30 ml/2 cuillères à soupe de miel
15 ml/1 cuillère à soupe de jus de citron
2 tranches de racine de gingembre hachée
120 ml/4 fl oz/½ tasse de sauce piquante

Mélanger tous les ingrédients sauf la sauce chili, couvrir et laisser mariner au réfrigérateur toute la nuit. Retirez le poulet de la marinade et faites-le cuire au barbecue ou au grill (grill) pendant environ 25 minutes, en le retournant et en l'arrosant de sauce au poivre pendant la cuisson.

Pilons de poulet hoisin

Pour 4 personnes

8 pilons de poulet

600 ml/1 pt/2½ tasses de bouillon de poulet

sel et poivre fraîchement moulu

250 ml/8 fl oz/1 tasse de sauce hoisin

30 ml/2 cuillères à soupe de farine nature (tout usage)

2 oeufs battus

100 g/4 oz/1 tasse de chapelure

huile de friture

Mettez les pilons et le bouillon dans une casserole, portez à ébullition, couvrez et laissez cuire 20 minutes jusqu'à ce qu'ils soient cuits. Retirez le poulet de la poêle et séchez-le sur du papier absorbant. Placer le poulet dans un bol et assaisonner de sel et de poivre. Verser sur la sauce hoisin et laisser mariner 1 heure. Vidange. Mélanger le poulet dans la farine, puis l'enrober d'œufs et de chapelure, puis à nouveau d'œuf et de chapelure. Faites chauffer l'huile et faites frire le poulet pendant environ 5 minutes jusqu'à ce qu'il soit doré. Égoutter sur du papier absorbant et servir chaud ou froid.

Poulet rôti

Pour 4 à 6 personnes

75 ml/5 cuillères à soupe d'huile d'arachide
1 poulet
3 oignons verts (oignons verts), tranchés
3 tranches de racine de gingembre
120 ml/4 fl oz/½ tasse de sauce soja
30 ml/2 cuillères à soupe de vin de riz ou de xérès sec
5 ml/1 cuillère à café de sucre

Faites chauffer l'huile et faites frire le poulet jusqu'à ce qu'il soit doré. Ajouter les oignons verts, le gingembre, la sauce soja et le vin ou le xérès et porter à ébullition. Couvrir et cuire 30 minutes en retournant de temps en temps. Ajoutez le sucre, couvrez et laissez cuire encore 30 minutes jusqu'à ce que le poulet soit bien cuit.

Poulet frit croustillant

Pour 4 personnes

1 poulet

sel

30 ml/2 cuillères à soupe de vin de riz ou de xérès sec

3 oignons nouveaux (ciboulette), coupés en dés

1 tranche de racine de gingembre

30 ml/2 cuillères à soupe de sauce soja

30 ml/2 cuillères à soupe de sucre

5 ml/1 cuillère à café de clous de girofle entiers

5 ml/1 cuillère à café de sel

5 ml/1 cuillère à café de poivre

150 ml/¼ pt/½ tasse généreuse de bouillon de poulet

huile de friture

1 laitue hachée

4 tomates tranchées

½ concombre tranché

Frottez le poulet avec du sel et laissez-le reposer 3 heures. Rincer et placer dans un bol. Ajoutez le vin ou le xérès, le gingembre, la sauce soja, le sucre, les clous de girofle, le sel, le poivre et le bouillon et versez bien dessus. Placez le bol dans un cuiseur vapeur, couvrez et faites cuire à la vapeur pendant environ 2 heures et demi jusqu'à ce que le poulet soit bien cuit. Vidange. Faites chauffer l'huile jusqu'à ce qu'elle fume, puis ajoutez le poulet et faites-le frire jusqu'à ce qu'il soit doré. Faire frire encore 5 minutes, retirer de l'huile et égoutter. Couper en morceaux et disposer sur une assiette chaude. Garnir de laitue, de tomate et de concombre et servir avec une sauce au poivre et au sel.

Poulet entier frit

Pour 5 personnes

1 poulet
10 ml/2 cuillères à café de sel
15 ml/1 cuillère à soupe de vin de riz ou de xérès sec
2 oignons nouveaux (ciboulette), coupés en deux
3 tranches de racine de gingembre, coupées en lanières
huile de friture

Séchez le poulet et frottez la peau avec du sel et du vin ou du xérès. Placez les oignons nouveaux et le gingembre à l'intérieur de la cavité. Suspendez le poulet pour qu'il sèche dans un endroit frais pendant environ 3 heures. Faites chauffer l'huile et placez le poulet dans un panier à frire. Tremper délicatement dans l'huile et arroser continuellement l'intérieur et l'extérieur jusqu'à ce que le poulet soit légèrement coloré. Retirer de l'huile et laisser refroidir légèrement pendant que vous réchauffez l'huile. Frire à nouveau jusqu'à ce qu'il soit doré. Bien égoutter puis couper en morceaux.

Poulet aux cinq épices

Pour 4 à 6 personnes

1 poulet
120 ml/4 fl oz/½ tasse de sauce soja
2,5 cm/1 morceau de racine de gingembre hachée
1 gousse d'ail écrasée
15 ml/1 cuillère à soupe de poudre de cinq épices
30 ml/2 cuillères à soupe de vin de riz ou de xérès sec
30 ml/2 cuillères à soupe de miel
2,5 ml/½ cuillère à café d'huile de sésame
huile de friture
30 ml/2 cuillères à soupe de sel
5 ml/1 cuillère à café de poivre fraîchement moulu

Placez le poulet dans une grande casserole et remplissez d'eau jusqu'à mi-cuisse. Réservez 15 ml/1 cuillère à soupe de sauce soja et ajoutez le reste dans la poêle avec le gingembre, l'ail et la moitié de la poudre aux cinq épices. Portez à ébullition, couvrez et laissez cuire 5 minutes. Éteignez le feu et laissez le poulet reposer dans l'eau jusqu'à ce que l'eau soit tiède. Vidange.

Coupez le poulet en deux dans le sens de la longueur et placez-le dans une rôtissoire avec le côté coupé vers le bas. Mélangez le reste de la sauce soja et la poudre de cinq épices avec le vin ou le xérès, le miel et l'huile de sésame. Frottez le mélange sur le poulet et laissez-le reposer pendant 2 heures, en le badigeonnant de temps en temps avec le mélange. Faites chauffer l'huile et faites frire les moitiés de poulet pendant environ 15 minutes jusqu'à ce qu'elles soient dorées et bien cuites. Égoutter sur du papier absorbant et couper en morceaux de la taille d'une portion.

Pendant ce temps, mélangez le sel et le poivre et faites chauffer dans une poêle sèche pendant environ 2 minutes. Servir en sauce avec le poulet.

Poulet au gingembre et ciboulette

Pour 4 personnes

1 poulet

2 tranches de racine de gingembre, coupées en lanières

sel et poivre fraîchement moulu

90 ml/4 cuillères à soupe d'huile d'arachide

8 oignons verts (ciboulette), finement hachés

10 ml/2 cuillères à café de vinaigre de vin blanc

5 ml/1 cuillère à café de sauce soja

Placez le poulet dans une grande casserole, ajoutez la moitié du gingembre et versez suffisamment d'eau pour recouvrir presque le poulet. Assaisonnez avec du sel et du poivre. Porter à ébullition, couvrir et cuire environ 1¼ heure jusqu'à tendreté. Laissez le poulet reposer dans le bouillon jusqu'à ce qu'il refroidisse. Égoutter le poulet et réfrigérer jusqu'à ce qu'il soit froid. Couper en portions.

Râpez le reste du gingembre et mélangez-le avec l'huile d'olive, la ciboulette, le vinaigre de vin et la sauce soja, ainsi que le sel et le poivre. Réfrigérer 1 heure. Placez les morceaux de poulet dans un bol et versez dessus la sauce au gingembre. Servir avec du riz cuit à la vapeur.

poulet poché

Pour 4 personnes

1 poulet
1,2 l/2 pts/5 tasses de bouillon de poulet ou d'eau
30 ml/2 cuillères à soupe de vin de riz ou de xérès sec
4 oignons verts (ciboulette), hachés
1 tranche de racine de gingembre
5 ml/1 cuillère à café de sel

Placer le poulet dans une grande poêle avec tous les autres ingrédients. Le bouillon ou l'eau doit arriver jusqu'à mi-cuisse. Porter à ébullition, couvrir et laisser mijoter environ 1 heure jusqu'à ce que le poulet soit bien cuit. Égoutter en réservant le bouillon pour les soupes.

Poulet bouilli rouge

Pour 4 personnes

1 poulet

250 ml/8 fl oz/1 tasse de sauce soja

Placez le poulet dans une casserole, versez dessus la sauce soja et complétez avec de l'eau presque jusqu'à ce qu'elle recouvre le poulet. Porter à ébullition, couvrir et cuire environ 1 heure jusqu'à ce que le poulet soit bien cuit, en le retournant de temps en temps.

Poulet assaisonné bouilli rouge

Pour 4 personnes

2 tranches de racine de gingembre
2 oignons nouveaux (ciboulette)
1 poulet
3 gousses d'anis étoilé
½ bâton de cannelle
15 ml/1 cuillère à soupe de poivre du Sichuan
75 ml/5 cuillères à soupe de sauce soja
75 ml/5 cuillères à soupe de vin de riz ou de xérès sec
75 ml/5 cuillères à soupe d'huile de sésame
15 ml/1 cuillère à soupe de sucre

Placez le gingembre et les oignons verts dans la cavité du poulet et placez le poulet dans une poêle. Attachez l'anis étoilé, la cannelle et le poivre dans un morceau de mousseline et ajoutez-les à la poêle. Arroser de sauce soja, de vin ou de xérès et d'huile de sésame. Portez à ébullition, couvrez et laissez cuire environ 45 minutes. Ajoutez le sucre, couvrez et laissez cuire encore 10 minutes jusqu'à ce que le poulet soit bien cuit.

Poulet rôti au sésame

Pour 4 personnes

50 g de graines de sésame

1 oignon haché

2 gousses d'ail, hachées

10 ml/2 cuillères à café de sel

1 poivron rouge séché, écrasé

pincée de clous de girofle moulus

2,5 ml/½ cuillère à café de cardamome moulue

2,5 ml/½ cuillère à café de gingembre moulu

75 ml/5 cuillères à soupe d'huile d'arachide

1 poulet

Mélangez tous les assaisonnements et l'huile d'olive et badigeonnez le poulet. Placer dans un plat allant au four et ajouter 30 ml/2 cuillères à soupe d'eau dans le plat allant au four. Cuire au four préchauffé à 180°C/350°F/thermostat 4 pendant environ 2 heures, en arrosant et en retournant le poulet de temps en temps, jusqu'à ce qu'il soit doré et bien cuit. Ajoutez un peu plus d'eau si nécessaire pour éviter de brûler.

Poulet à la sauce soja

Pour 4 à 6 personnes

300 ml/½ pt/1¼ tasse de sauce soja

300 ml/½ pt/1¼ tasse de vin de riz ou de xérès sec

1 oignon haché

3 tranches de racine de gingembre hachée

50 g/2 oz/¼ tasse de sucre

1 poulet

15 ml/1 cuillère à soupe de farine de maïs (amidon de maïs)

60 ml/4 cuillères à soupe d'eau

1 concombre, pelé et tranché

30 ml/2 cuillères à soupe de persil frais haché

Dans une casserole, mélanger la sauce soja, le vin ou le xérès, l'oignon, le gingembre et le sucre et porter à ébullition. Ajouter le poulet, remettre à ébullition, couvrir et laisser mijoter 1 heure en retournant le poulet de temps en temps jusqu'à ce qu'il soit bien cuit. Transférer le poulet dans une assiette chaude et découper.

Versez tout sauf 250 ml/8 fl oz/1 tasse de liquide de cuisson et ramenez à ébullition. Mélangez la maïzena et l'eau jusqu'à obtenir une pâte, mélangez dans la poêle et faites cuire en remuant jusqu'à ce que la sauce s'éclaircisse et épaississe. Badigeonner le poulet d'un peu de sauce et garnir de concombre et de persil. Servir le reste de la sauce séparément.

Poulet cuit à la vapeur

Pour 4 personnes

1 poulet

45 ml/3 cuillères à soupe de vin de riz ou de xérès sec

sel

2 tranches de racine de gingembre

2 oignons nouveaux (ciboulette)

250 ml/8 fl oz/1 tasse de bouillon de poulet

Placez le poulet dans un bol résistant à la chaleur et frottez-le avec du vin ou du xérès et du sel et placez le gingembre et la ciboulette à l'intérieur de la cavité. Placez le bol sur une grille dans un cuiseur vapeur, couvrez et faites cuire dans l'eau bouillante pendant environ 1 heure jusqu'à ce qu'il soit cuit. Servir chaud ou froid.

Poulet cuit à la vapeur à l'anis

Pour 4 personnes

250 ml/8 fl oz/1 tasse de sauce soja

250 ml/8 fl oz/1 tasse d'eau

15 ml/1 cuillère à soupe de cassonade

4 gousses d'anis étoilé

1 poulet

Mélangez la sauce soja, l'eau, le sucre et le fenouil dans une casserole et portez à ébullition à feu doux. Placer le poulet dans un bol et enrober l'intérieur et l'extérieur du mélange. Réchauffez le mélange et répétez. Placez le poulet dans un bol résistant à la chaleur. Placez le bol sur une grille dans un cuiseur vapeur, couvrez et faites cuire dans l'eau bouillante pendant environ 1 heure jusqu'à ce qu'il soit cuit.

Poulet au goût étrange

Pour 4 personnes

1 poulet

5 ml/1 cuillère à café de racine de gingembre hachée

5 ml/1 cuillère à café d'ail émincé

45 ml/3 cuillères à soupe de sauce soja épaisse

5 ml/1 cuillère à café de sucre

2,5 ml/½ cuillère à café de vinaigre de vin

10 ml/2 cuillères à café de sauce sésame

5 ml/1 cuillère à café de poivre fraîchement moulu

10 ml/2 cuillères à café d'huile de piment

½ laitue hachée

15 ml/1 cuillère à soupe de coriandre fraîche hachée

Placez le poulet dans une casserole et remplissez d'eau jusqu'à mi-hauteur des cuisses de poulet. Porter à ébullition, couvrir et laisser mijoter environ 1 heure jusqu'à ce que le poulet soit tendre. Retirer de la poêle, bien égoutter et tremper dans de l'eau glacée jusqu'à ce que la viande refroidisse complètement. Bien égoutter et couper en morceaux de 5 cm/2. Mélangez tous les ingrédients restants et versez sur le poulet. Servir garni de laitue et de coriandre.

Morceaux de poulet croustillants

Pour 4 personnes
100 g/4 oz de farine nature (tout usage)
pincée de sel
15 ml/1 cuillère à soupe d'eau
1 oeuf
350 g/12 oz de poulet cuit, coupé en cubes
huile de friture

Mélangez la farine, le sel, l'eau et l'œuf jusqu'à obtenir une pâte bien ferme, en ajoutant un peu d'eau si nécessaire. Tremper les morceaux de poulet dans la pâte jusqu'à ce qu'ils soient bien enrobés. Faites chauffer l'huile jusqu'à ce qu'elle soit très chaude et faites frire le poulet pendant quelques minutes jusqu'à ce qu'il soit croustillant et doré.

Poulet aux Haricots Verts

Pour 4 personnes

45 ml/3 cuillères à soupe d'huile d'arachide
450 g/1 lb de poulet cuit, râpé
5 ml/1 cuillère à café de sel
2,5 ml/½ cuillère à café de poivre fraîchement moulu
225 g/8 oz de haricots verts, coupés en morceaux
1 branche de céleri, coupée en diagonale
225 g/8 oz de champignons, tranchés
250 ml/8 fl oz/1 tasse de bouillon de poulet
30 ml/2 cuillères à soupe de farine de maïs (amidon de maïs)
60 ml/4 cuillères à soupe d'eau
10 ml/2 cuillères à café de sauce soja

Faites chauffer l'huile et faites revenir le poulet, salez et poivrez jusqu'à ce qu'il soit légèrement doré. Ajouter les haricots, le céleri et les champignons et bien mélanger. Ajouter le bouillon, porter à ébullition, couvrir et laisser mijoter 15 minutes. Mélangez la maïzena, l'eau et la sauce soja jusqu'à obtenir une pâte, mélangez dans la poêle et faites cuire en remuant jusqu'à ce que la sauce s'éclaircisse et épaississe.

Poulet mijoté à l'ananas

Pour 4 personnes

45 ml/3 cuillères à soupe d'huile d'arachide
225 g/8 oz de poulet cuit, coupé en dés
sel et poivre fraîchement moulu
2 branches de céleri, coupées en diagonale
3 tranches d'ananas, coupées en morceaux
120 ml/4 fl oz/½ tasse de bouillon de poulet
15 ml/1 cuillère à soupe de sauce soja
10 ml/2 cuillères à soupe de farine de maïs (amidon de maïs)
30 ml/2 cuillères à soupe d'eau

Faites chauffer l'huile et faites frire le poulet jusqu'à ce qu'il soit légèrement doré. Assaisonnez de sel et de poivre, ajoutez le céleri et faites revenir 2 minutes. Ajoutez l'ananas, le bouillon et la sauce soja et remuez pendant quelques minutes jusqu'à ce que le tout soit bien chaud. Mélangez la maïzena et l'eau jusqu'à obtenir une pâte, mélangez dans la poêle et faites cuire en remuant jusqu'à ce que la sauce s'éclaircisse et épaississe.

Poulet aux poivrons et tomates

Pour 4 personnes

45 ml/3 cuillères à soupe d'huile d'arachide

450 g/1 lb de poulet cuit, tranché

10 ml/2 cuillères à café de sel

5 ml/1 cuillère à café de poivre fraîchement moulu

1 poivron vert coupé en morceaux

4 grosses tomates, pelées et coupées en tranches

250 ml/8 fl oz/1 tasse de bouillon de poulet

30 ml/2 cuillères à soupe de farine de maïs (amidon de maïs)

15 ml/1 cuillère à soupe de sauce soja

120 ml/4 fl oz/½ tasse d'eau

Faites chauffer l'huile et faites revenir le poulet, salez et poivrez jusqu'à ce qu'il soit doré. Ajoutez les poivrons et les tomates. Versez le bouillon, portez à ébullition, couvrez et laissez mijoter 15 minutes. Mélangez la maïzena, la sauce soja et l'eau jusqu'à obtenir une pâte, mélangez dans la poêle et faites cuire en remuant jusqu'à ce que la sauce s'éclaircisse et épaississe.

Poulet au sésame

Pour 4 personnes

450 g/1 lb de poulet cuit, coupé en lanières
2 tranches de gingembre finement hachées
1 ciboulette (ciboulette) finement hachée
sel et poivre fraîchement moulu
60 ml/4 cuillères à soupe de vin de riz ou de xérès sec
60 ml/4 cuillères à soupe d'huile de sésame
10 ml/2 cuillères à café de sucre
5 ml/1 cuillère à café de vinaigre de vin
150 ml/¼ pt/généreuse ½ tasse de sauce soja

Disposez le poulet sur une assiette de service et saupoudrez de gingembre, de ciboulette, de sel et de poivre. Mélangez le vin ou le xérès, l'huile de sésame, le sucre, le vinaigre de vin et la sauce soja. Verser sur le poulet.

Poulets frits

Pour 4 personnes

2 chiots, divisés en deux

45 ml/3 cuillères à soupe de sauce soja

45 ml/3 cuillères à soupe de vin de riz ou de xérès sec

120 ml/4 fl oz/½ tasse d'huile d'arachide (cacahuète)

1 ciboulette (ciboulette) finement hachée

30 ml/2 cuillères à soupe de bouillon de poulet

10 ml/2 cuillères à café de sucre

5 ml/1 cuillère à café d'huile de piment

5 ml/1 cuillère à café de pâte d'ail

sel et poivre

Placer les poussins dans un bol. Mélangez la sauce soja et le vin ou le xérès, versez sur les poussins, couvrez et laissez mariner 2 heures en arrosant fréquemment. Faites chauffer l'huile et faites frire les poussins pendant environ 20 minutes jusqu'à ce qu'ils soient cuits. Retirez-les de la poêle et réchauffez l'huile. Remettez-les dans la poêle et faites-les revenir jusqu'à ce qu'ils soient dorés. Égoutter la majeure partie de l'huile. Mélangez le reste des ingrédients, ajoutez-les à la poêle et faites chauffer rapidement. Verser sur les poussins avant de servir.

Türkiye avec Mangetout

Pour 4 personnes

60 ml/4 cuillères à soupe d'huile d'arachide

2 ciboulette (ciboulette), hachée

2 gousses d'ail écrasées

1 tranche de racine de gingembre hachée

225 g/8 oz de poitrine de dinde, coupée en lanières

225 g/8 oz de mangetout (pois)

100 g/4 oz de pousses de bambou, coupées en lanières

50 g de châtaignes d'eau coupées en lanières

45 ml/3 cuillères à soupe de sauce soja

15 ml/1 cuillère à soupe de vin de riz ou de xérès sec

5 ml/1 cuillère à café de sucre

5 ml/1 cuillère à café de sel

15 ml/1 cuillère à soupe de farine de maïs (amidon de maïs)

Faites chauffer 45 ml/3 cuillères à soupe d'huile et faites revenir les oignons nouveaux, l'ail et le gingembre jusqu'à ce qu'ils soient légèrement dorés. Ajoutez la dinde et faites revenir 5 minutes. Retirer de la poêle et réserver. Faites chauffer le reste de l'huile et faites revenir le mangetout, les pousses de bambou et les châtaignes d'eau pendant 3 minutes. Ajoutez la sauce soja, le vin ou le xérès, le sucre et le sel et remettez la dinde dans la poêle.

Faire frire pendant 1 minute. Mélangez la maïzena avec un peu d'eau, incorporez dans la poêle et faites cuire en remuant jusqu'à ce que la sauce s'éclaircisse et épaississe.

Dinde aux poivrons

Pour 4 personnes

4 champignons chinois séchés
30 ml/2 cuillères à soupe d'huile d'arachide
1 chou chinois coupé en lanières
350 g/12 oz de dinde fumée, coupée en lanières
1 oignon émincé
1 poivron rouge coupé en lanières
1 poivron vert coupé en lanières
120 ml/4 fl oz/½ tasse de bouillon de poulet
30 ml/2 cuillères à soupe de purée de tomates (pâte)
45 ml/3 cuillères à soupe de vinaigre de vin
30 ml/2 cuillères à soupe de sauce soja
15 ml/1 cuillère à soupe de sauce hoisin
10 ml/2 cuillère à café de farine de maïs (amidon de maïs)
quelques gouttes d'huile de piment

Faites tremper les champignons dans l'eau tiède pendant 30 minutes puis égouttez-les. Jetez les tiges et coupez le dessus en lanières. Faites chauffer la moitié de l'huile et faites frire le chou pendant environ 5 minutes ou jusqu'à ce qu'il soit cuit. Retirer de la poêle. Ajoutez la dinde et faites revenir 1 minute. Ajoutez les légumes et faites revenir 3 minutes. Mélangez le bouillon avec la purée de tomates, le vinaigre de vin et les sauces et ajoutez-le à la poêle avec le chou. Mélangez la farine de maïs avec un peu d'eau, mélangez dans la casserole et portez à ébullition en remuant. Saupoudrer d'huile de piment et cuire 2 minutes en remuant continuellement.

Dinde rôtie à la chinoise

Pour 8 à 10 personnes

1 petite dinde
600 ml/1 pt/2½ tasses d'eau chaude
10 ml/2 cuillères à café de piment de la Jamaïque
500 ml/16 fl oz/2 tasses de sauce soja
5 ml/1 cuillère à café d'huile de sésame
10 ml/2 cuillères à café de sel
45 ml/3 cuillères à soupe de beurre

Placez la dinde dans une casserole et versez dessus de l'eau chaude. Ajoutez le reste des ingrédients, sauf le beurre, et laissez reposer 1 heure en retournant plusieurs fois. Retirez la dinde du liquide et badigeonnez-la de beurre. Placer sur une plaque à pâtisserie, couvrir légèrement de papier d'aluminium et cuire au four préchauffé à 160°C/325°F/thermostat 3 pendant environ 4 heures, en arrosant de temps en temps avec le liquide de sauce soja. Retirez le papier d'aluminium et laissez la peau devenir croustillante pendant les 30 dernières minutes de cuisson.

Dinde aux noix et champignons

Pour 4 personnes

450 g/1 lb de filet de poitrine de dinde

sel et poivre

jus d'1 orange

15 ml/1 cuillère à soupe de farine nature (tout usage)

12 noix noires confites au jus

5 ml/1 cuillère à café de farine de maïs (amidon de maïs)

15 ml/1 cuillère à soupe d'huile d'arachide

2 oignons nouveaux (ciboulette), coupés en dés

225 g de champignons de Paris

45 ml/3 cuillères à soupe de vin de riz ou de xérès sec

10 ml/2 cuillères à café de sauce soja

50 g/2 oz/½ tasse de beurre

25 g de pignons de pin

Coupez la dinde en tranches de 1 cm/½ d'épaisseur. Saupoudrer de sel, de poivre et de jus d'orange et saupoudrer de farine. Égouttez et coupez les noix en deux, en réservant le liquide, et mélangez le liquide avec la farine de maïs. Faites chauffer l'huile et faites frire la dinde jusqu'à ce qu'elle soit dorée. Ajoutez les oignons nouveaux et les champignons et faites revenir 2 minutes.

Ajoutez le vin ou le xérès et la sauce soja et laissez cuire 30 secondes. Ajouter les noix au mélange de semoule de maïs, incorporer dans la casserole et porter à ébullition. Ajoutez le beurre en petits flocons, mais ne laissez pas bouillir. Faire griller les pignons de pin dans une poêle à sec jusqu'à ce qu'ils soient dorés. Transférer le mélange de dinde dans un plat de service chaud et servir garni de pignons de pin.

Canard aux Pousses de Bambou

Pour 4 personnes

6 champignons chinois séchés

1 canard

50 g de jambon fumé, coupé en lanières

100 g/4 oz de pousses de bambou, coupées en lanières

2 oignons nouveaux (ciboulette), coupés en lanières

2 tranches de racine de gingembre, coupées en lanières

5 ml/1 cuillère à café de sel

Faites tremper les champignons dans l'eau tiède pendant 30 minutes puis égouttez-les. Jetez les tiges et coupez le dessus en lanières. Placez tous les ingrédients dans un bol résistant à la chaleur et placez-les dans une casserole remplie d'eau aux deux tiers de la hauteur du bol. Portez à ébullition, couvrez et laissez cuire environ 2 heures jusqu'à ce que le canard soit cuit, en ajoutant de l'eau bouillante si nécessaire.

Canard aux germes de soja

Pour 4 personnes

225 g/8 oz de germes de soja
45 ml/3 cuillères à soupe d'huile d'arachide
450 g de viande de canard cuite
15 ml/1 cuillère à soupe de sauce aux huîtres
15 ml/1 cuillère à soupe de vin de riz ou de xérès sec
30 ml/2 cuillères à soupe d'eau
2,5 ml/½ cuillère à café de sel

Blanchissez les germes de soja dans l'eau bouillante pendant 2 minutes, puis égouttez-les. Faites chauffer l'huile, faites revenir les germes de soja pendant 30 secondes. Ajouter le canard, faire revenir jusqu'à ce qu'il soit bien chaud. Ajoutez le reste des ingrédients et faites frire pendant 2 minutes pour mélanger les saveurs. Sers immédiatement.

Canard rôti

Pour 4 personnes

4 oignons verts (ciboulette), hachés
1 tranche de racine de gingembre hachée
120 ml/4 fl oz/½ tasse de sauce soja
30 ml/2 cuillères à soupe de vin de riz ou de xérès sec
1 canard
120 ml/4 fl oz/½ tasse d'huile d'arachide (cacahuète)
600 ml/1 pt/2½ tasses d'eau
15 ml/1 cuillère à soupe de cassonade

Mélangez les oignons nouveaux, le gingembre, la sauce soja et le vin ou le xérès et frottez l'intérieur et l'extérieur du canard. Faites chauffer l'huile et faites frire le canard jusqu'à ce qu'il soit légèrement doré de tous les côtés. Égoutter l'huile. Ajouter l'eau et le reste du mélange de sauce soja, porter à ébullition, couvrir et laisser mijoter 1 heure. Ajoutez le sucre, couvrez et laissez cuire encore 40 minutes jusqu'à ce que le canard soit tendre.

Canard vapeur au céleri

Pour 4 personnes

350 g/12 oz de canard cuit, tranché

1 tête de céleri

250 ml/8 fl oz/1 tasse de bouillon de poulet

2,5 ml/½ cuillère à café de sel

5 ml/1 cuillère à café d'huile de sésame

1 tomate coupée en tranches

Disposez le canard sur une grille fumante. Coupez le céleri en morceaux de 7,5 cm/3 de long et placez-le dans une poêle. Versez le bouillon, assaisonnez de sel et placez le cuiseur vapeur sur la poêle. Portez le bouillon à ébullition et laissez mijoter doucement pendant environ 15 minutes jusqu'à ce que le céleri soit tendre et que le canard soit bien chaud. Disposez le canard et le céleri sur une assiette chaude, arrosez le céleri d'huile de sésame et servez garni de tranches de tomates.

Canard au Gingembre

Pour 4 personnes

350 g/12 oz de magret de canard tranché finement
1 oeuf légèrement battu
5 ml/1 cuillère à café de sauce soja
5 ml/1 cuillère à café de farine de maïs (amidon de maïs)
5 ml/1 cuillère à café d'huile d'arachide
huile de friture
50 g de pousses de bambou
50 g de mangetout (petits pois)
2 tranches de racine de gingembre hachée
15 ml/1 cuillère à soupe d'eau
2,5 ml/½ cuillère à café de sucre
2,5 ml/½ cuillère à café de vin de riz ou de xérès sec
2,5 ml/½ cuillère à café d'huile de sésame

Mélangez le canard avec l'œuf, la sauce soja, la farine de maïs et l'huile d'olive et laissez reposer 10 minutes. Faites chauffer l'huile et faites frire le canard et les pousses de bambou jusqu'à ce qu'ils soient cuits et dorés. Retirer de la poêle et bien égoutter. Versez tout l'huile de la poêle sauf 15 ml/1 cuillère à soupe et faites revenir le canard, les pousses de bambou, le mangetout, le gingembre, l'eau, le sucre et le vin ou le xérès pendant 2 minutes. Servir arrosé d'huile de sésame.

Canard aux Haricots Verts

Pour 4 personnes

1 canard

60 ml/4 cuillères à soupe d'huile d'arachide

2 gousses d'ail écrasées

2,5 ml/½ cuillère à café de sel

1 oignon haché

15 ml/1 cuillère à soupe de racine de gingembre râpée

45 ml/3 cuillères à soupe de sauce soja

120 ml/4 fl oz/½ tasse de vin de riz ou de xérès sec

60 ml/4 cuillères à soupe de ketchup aux tomates (ketchup)

45 ml/3 cuillères à soupe de vinaigre de vin

300 ml/½ pt/1¼ tasse de bouillon de poulet

450 g/1 lb de haricots verts, tranchés

pincée de poivre fraîchement moulu

5 gouttes d'huile de piment

15 ml/1 cuillère à soupe de farine de maïs (amidon de maïs)

30 ml/2 cuillères à soupe d'eau

Coupez le canard en 8 ou 10 morceaux. Faites chauffer l'huile et faites frire le canard jusqu'à ce qu'il soit doré. Transférer dans un bol. Ajoutez l'ail, le sel, l'oignon, le gingembre, la sauce soja, le vin ou le xérès, le ketchup aux tomates et le vinaigre de vin. Mélangez, couvrez et laissez mariner au réfrigérateur pendant 3 heures.

Réchauffez l'huile, ajoutez le canard, le bouillon et la marinade, portez à ébullition, couvrez et laissez cuire 1 heure. Ajoutez les haricots, couvrez et laissez cuire 15 minutes. Ajouter le poivre et l'huile de piment. Mélangez la farine de maïs avec l'eau, mélangez dans la poêle et faites cuire en remuant jusqu'à ce que la sauce épaississe.

Canard Frit à la Vapeur

Pour 4 personnes

1 canard
sel et poivre fraîchement moulu
huile de friture
sauce hoisin

Assaisonnez le canard avec du sel et du poivre et placez-le dans un bol résistant à la chaleur. Placer dans une casserole remplie d'eau aux deux tiers de la hauteur du bol, porter à ébullition, couvrir et laisser cuire environ 1 heure et demie jusqu'à ce que le canard soit tendre. Égoutter et laisser refroidir.

Faites chauffer l'huile et faites frire le canard jusqu'à ce qu'il soit croustillant et doré. Retirer et bien égoutter. Coupez-le en petits morceaux et servez-le avec la sauce hoisin.

Canard aux Fruits Exotiques

Pour 4 personnes

4 filets de magret de canard coupés en lanières
2,5 ml/½ cuillère à café de poudre aux cinq épices
30 ml/2 cuillères à soupe de sauce soja
15 ml/1 cuillère à soupe d'huile de sésame
15 ml/1 cuillère à soupe d'huile d'arachide
3 branches de céleri coupées en dés
2 tranches d'ananas en dés
100 g de melon, coupé en dés
100 g/4 oz de litchis, coupés en deux
130 ml/4 fl oz/½ tasse de bouillon de poulet
30 ml/2 cuillères à soupe de purée de tomates (pâte)
30 ml/2 cuillères à soupe de sauce hoisin
10 ml/2 cuillères à café de vinaigre de vin
pincée de cassonade

Placer le canard dans un bol. Mélangez la poudre de cinq épices, la sauce soja et l'huile de sésame, versez sur le canard et laissez mariner 2 heures en remuant de temps en temps. Faites chauffer l'huile et faites revenir le canard pendant 8 minutes. Retirer de la poêle. Ajoutez le céleri et les fruits et faites revenir 5 minutes. Remettez le canard dans la poêle avec le reste des ingrédients, portez à ébullition et laissez cuire 2 minutes en remuant avant de servir.

Canard rôti aux feuilles de Chine

Pour 4 personnes

1 canard

30 ml/2 cuillères à soupe de vin de riz ou de xérès sec

30 ml/2 cuillères à soupe de sauce hoisin

15 ml/1 cuillère à soupe de farine de maïs (amidon de maïs)

5 ml/1 cuillère à café de sel

5 ml/1 cuillère à café de sucre

60 ml/4 cuillères à soupe d'huile d'arachide

4 oignons verts (ciboulette), hachés

2 gousses d'ail écrasées

1 tranche de racine de gingembre hachée

75 ml/5 cuillères à soupe de sauce soja

600 ml/1 pt/2½ tasses d'eau

225 g/8 oz de feuilles chinoises, déchiquetées

Coupez le canard en 6 morceaux environ. Mélangez le vin ou le xérès, la sauce hoisin, la semoule de maïs, le sel et le sucre et répartissez sur le canard. Laissez reposer 1 heure. Faites chauffer l'huile et faites revenir la ciboulette, l'ail et le gingembre pendant quelques secondes. Ajouter le canard et faire revenir jusqu'à ce qu'il soit légèrement doré de tous les côtés. égouttez tout excès de graisse. Versez la sauce soja et l'eau, portez à ébullition, couvrez et laissez mijoter environ 30 minutes. Ajoutez les feuilles de chinois, couvrez à nouveau et laissez cuire encore 30 minutes jusqu'à ce que le canard soit tendre.

Canard ivre

Pour 4 personnes

2 ciboulette (ciboulette), hachée

2 gousses d'ail, hachées

1,5 l/2½ points/6 tasses d'eau

1 canard

450 ml/¾ pt/2 tasses de vin de riz ou de xérès sec

Mettez la ciboulette, l'ail et l'eau dans une grande casserole et portez à ébullition. Ajoutez le canard, remettez à ébullition, couvrez et laissez cuire 45 minutes. Bien égoutter en réservant le liquide pour le bouillon. Laissez le canard refroidir et réfrigérez toute la nuit. Coupez le canard en morceaux et placez-les dans un grand bocal avec un couvercle à vis. Verser sur du vin ou du xérès et réfrigérer environ 1 semaine avant d'égoutter et de servir froid.

Canard aux cinq épices

Pour 4 personnes

150 ml/¼ pt/généreuse ½ tasse de vin de riz ou de xérès sec
150 ml/¼ pt/généreuse ½ tasse de sauce soja
1 canard
10 ml/2 cuillère à café de poudre aux cinq épices

Portez à ébullition le vin ou le xérès et la sauce soja. Ajouter le canard et cuire en retournant pendant environ 5 minutes. Retirez le canard de la poêle et frottez la poudre aux cinq épices sur la peau. Remettez l'oiseau dans la poêle et ajoutez suffisamment d'eau pour couvrir le canard à moitié. Porter à ébullition, couvrir et cuire environ 1h30 jusqu'à ce que le canard soit tendre, en le retournant et en l'arrosant fréquemment. Coupez le canard en morceaux de 5 cm/2 et servez chaud ou froid.

Canard Frit au Gingembre

Pour 4 personnes

1 canard
2 tranches de racine de gingembre, râpées
2 ciboulette (ciboulette), hachée
15 ml/1 cuillère à soupe de farine de maïs (amidon de maïs)
30 ml/2 cuillères à soupe de sauce soja
30 ml/2 cuillères à soupe de vin de riz ou de xérès sec
2,5 ml/½ cuillère à café de sel
45 ml/3 cuillères à soupe d'huile d'arachide

Retirez la viande des os et coupez-la en morceaux. Mélangez la viande avec tous les autres ingrédients sauf l'huile d'olive. Laissez reposer 1 heure. Faites chauffer l'huile et faites revenir le canard avec la marinade pendant environ 15 minutes jusqu'à ce qu'il soit tendre.

Canard au Jambon et Poireaux

Pour 4 personnes

1 canard

450 g de jambon fumé

2 poireaux

2 tranches de racine de gingembre hachée

45 ml/3 cuillères à soupe de vin de riz ou de xérès sec

45 ml/3 cuillères à soupe de sauce soja

2,5 ml/½ cuillère à café de sel

Placer le canard dans une casserole et couvrir uniquement d'eau froide. Portez à ébullition, couvrez et laissez cuire environ 20 minutes. Égoutter et réserver 450 ml/¾ pts/2 tasses de bouillon. Laissez le canard refroidir légèrement puis coupez la viande des os et coupez-la en carrés de 5 cm/2. Coupez le jambon en morceaux semblables. Coupez de longs morceaux de poireau et enroulez une tranche de canard et de jambon à l'intérieur de la feuille et attachez-la avec de la ficelle. Placer dans un bol résistant à la chaleur. Ajoutez le gingembre, le vin ou le xérès, la sauce soja et le sel au bouillon réservé et versez sur les rouleaux de canard. Placez le bol dans une casserole remplie d'eau jusqu'aux deux tiers de la hauteur des parois du bol. Portez à ébullition, couvrez et laissez cuire environ 1 heure jusqu'à ce que le canard soit tendre.

Canard rôti au miel

Pour 4 personnes

1 canard

sel

3 gousses d'ail écrasées

3 ciboulette (ciboulette), hachée

45 ml/3 cuillères à soupe de sauce soja

45 ml/3 cuillères à soupe de vin de riz ou de xérès sec

45 ml/3 cuillères à soupe de miel

200 ml/7 fl oz/moins de 1 tasse d'eau bouillante

Séchez le canard et frottez-le avec du sel à l'intérieur et à l'extérieur. Mélangez l'ail, la ciboulette, la sauce soja et le vin ou le xérès et divisez le mélange en deux. Mélangez le miel en deux et étalez-le sur le canard et laissez-le sécher. Ajouter de l'eau au reste du mélange de miel. Versez le mélange de sauce soja dans la cavité du canard et placez-le sur une grille dans une rôtissoire avec un peu d'eau au fond. Rôtir au four préchauffé à 180°C/350°F/thermostat 4 pendant environ 2 heures jusqu'à ce que le canard soit tendre, en arrosant tout au long de la cuisson avec le reste du mélange de miel.

Canard rôti moelleux

Pour 4 personnes

6 ciboulette (ciboulette), hachée
2 tranches de racine de gingembre hachée
1 canard
2,5 ml/½ cuillère à café d'anis moulu
15 ml/1 cuillère à soupe de sucre
45 ml/3 cuillères à soupe de vin de riz ou de xérès sec
60 ml/4 cuillères à soupe de sauce soja
250 ml/8 fl oz/1 tasse d'eau

Placer la moitié des oignons nouveaux et du gingembre dans une grande poêle épaisse. Versez le reste dans la cavité du canard et placez-le dans la poêle. Ajouter tous les ingrédients restants sauf la sauce hoisin, porter à ébullition, couvrir et cuire environ 1 heure et demie, en retournant de temps en temps. Retirez le canard de la poêle et laissez-le sécher pendant environ 4 heures.

Disposez le canard sur une grille dans une rôtissoire avec un peu d'eau froide. Cuire au four préchauffé à 230°C/450°F/thermostat 8 pendant 15 minutes, puis retourner et cuire encore 10 minutes jusqu'à ce qu'il soit croustillant. Pendant ce temps, faites chauffer le liquide réservé et versez-le sur le canard pour servir.

Canard Frit aux Champignons

Pour 4 personnes

1 canard

75 ml/5 cuillères à soupe d'huile d'arachide

45 ml/3 cuillères à soupe de vin de riz ou de xérès sec

15 ml/1 cuillère à soupe de sauce soja

15 ml/1 cuillère à soupe de sucre

5 ml/1 cuillère à café de sel

pincée de poivre

2 gousses d'ail écrasées

225 g/8 oz de champignons, coupés en deux

600 ml/1 pt/2½ tasses de bouillon de poulet

15 ml/1 cuillère à soupe de farine de maïs (amidon de maïs)

30 ml/2 cuillères à soupe d'eau

5 ml/1 cuillère à café d'huile de sésame

Coupez le canard en morceaux de 5 cm/2. Faites chauffer 45 ml/3 cuillères à soupe d'huile et faites frire le canard jusqu'à ce qu'il soit légèrement doré de tous les côtés. Ajoutez le vin ou le xérès, la sauce soja, le sucre, le sel et le poivre et faites revenir 4 minutes. Retirer de la poêle. Faites chauffer le reste de l'huile et faites revenir l'ail jusqu'à ce qu'il soit légèrement doré. Ajoutez les champignons et remuez jusqu'à ce qu'ils soient enrobés d'huile, puis remettez le mélange de canard dans la poêle et ajoutez le bouillon. Portez à ébullition, couvrez et laissez cuire environ 1 heure jusqu'à ce que le canard soit tendre. Mélangez la maïzena et l'eau jusqu'à obtenir une pâte, incorporez-la au mélange et faites cuire en remuant jusqu'à ce que la sauce épaississe. Saupoudrer d'huile de sésame et servir.

Canard aux Deux Champignons

Pour 4 personnes

6 champignons chinois séchés
1 canard
750 ml/1 ¼ pts/3 tasses de bouillon de poulet
45 ml/3 cuillères à soupe de vin de riz ou de xérès sec
5 ml/1 cuillère à café de sel
100 g/4 oz de pousses de bambou, coupées en lanières
100 g de champignons de Paris

Faites tremper les champignons dans l'eau tiède pendant 30 minutes puis égouttez-les. Jetez les tiges et coupez le dessus en deux. Placez le canard dans un grand bol résistant à la chaleur avec le bouillon, le vin ou le xérès et le sel et placez-le dans une casserole remplie d'eau jusqu'aux deux tiers des parois du bol. Porter à ébullition, couvrir et laisser mijoter environ 2 heures jusqu'à ce que le canard soit tendre. Retirer de la poêle et couper la viande des os. Transférez le liquide de cuisson dans une casserole séparée. Disposez les pousses de bambou et les deux types de champignons au fond du bol vapeur, remplacez la viande de canard, couvrez et faites cuire à la vapeur encore 30 minutes. Portez à ébullition le liquide de cuisson et versez sur le canard pour servir.

Canard rôti à l'oignon

Pour 4 personnes

4 champignons chinois séchés
1 canard
90 ml/6 cuillères à soupe de sauce soja
60 ml/4 cuillères à soupe d'huile d'arachide
1 ciboulette (ciboulette) hachée
1 tranche de racine de gingembre hachée
45 ml/3 cuillères à soupe de vin de riz ou de xérès sec
450 g/1 lb d'oignon, tranché
100 g/4 oz de pousses de bambou, tranchées
15 ml/1 cuillère à soupe de cassonade

15 ml/1 cuillère à soupe de farine de maïs (amidon de maïs)
45 ml/3 cuillères à soupe d'eau

Faites tremper les champignons dans l'eau tiède pendant 30 minutes puis égouttez-les. Jetez les tiges et coupez les sommets. Frottez le canard avec 15 ml/1 cuillère à soupe de sauce soja. Réservez 15 ml/1 cuillère à soupe d'huile, faites chauffer le reste de l'huile et faites revenir l'oignon nouveau et le gingembre jusqu'à ce qu'ils soient légèrement dorés. Ajouter le canard et faire revenir jusqu'à ce qu'il soit légèrement doré de tous les côtés. Retirez l'excès de graisse. Ajoutez le vin ou le xérès, le reste de la sauce soja dans la poêle et suffisamment d'eau pour recouvrir presque le canard. Portez à ébullition, couvrez et laissez cuire 1 heure en retournant de temps en temps.

Faites chauffer l'huile réservée et faites revenir l'oignon jusqu'à ce qu'il soit tendre. Retirer du feu et incorporer les pousses de bambou et les champignons et les ajouter au canard, couvrir et cuire encore 30 minutes jusqu'à ce que le canard soit tendre. Retirez le canard de la poêle, coupez-le en morceaux et disposez-le sur une assiette chaude. Porter les liquides dans la casserole à ébullition, ajouter le sucre et la maïzena et cuire en remuant jusqu'à ce que le mélange bout et épaississe. Verser sur le canard pour servir.

Canard à l'orange

Pour 4 personnes

1 canard

3 oignons nouveaux (ciboulette), coupés en morceaux

2 tranches de racine de gingembre, coupées en lanières

1 tranche de zeste d'orange

sel et poivre fraîchement moulu

Placer le canard dans une grande casserole, couvrir d'eau et porter à ébullition. Ajoutez la ciboulette, le gingembre et le zeste d'orange, couvrez et laissez cuire environ 1h30 jusqu'à ce que le canard soit tendre. Assaisonner de sel et de poivre, égoutter et servir.

Canard Rôti à L'Orange

Pour 4 personnes

1 canard

2 gousses d'ail coupées en deux

45 ml/3 cuillères à soupe d'huile d'arachide

1 oignon

1 orange

120 ml/4 fl oz/½ tasse de vin de riz ou de xérès sec

2 tranches de racine de gingembre hachée

5 ml/1 cuillère à café de sel

Frotter l'ail à l'intérieur et à l'extérieur du canard et badigeonner d'huile d'olive. Percez l'oignon pelé avec une fourchette, placez-le avec l'orange non pelée à l'intérieur de la cavité du canard et fermez avec un cure-dent. Placer le canard sur une grille au-dessus d'une rôtissoire avec un peu d'eau chaude et rôtir dans un four préchauffé à 160°C/325°F/thermostat 3 pendant environ 2 heures. Jetez les liquides et remettez le canard dans la rôtissoire. Arroser de vin ou de xérès et saupoudrer de gingembre et de sel. Remettre au four encore 30 minutes. Jetez l'oignon et l'orange et coupez le canard en morceaux pour servir. Versez le jus de cuisson sur le canard et servez.

Canard aux Poires et Châtaignes

Pour 4 personnes

225 g de châtaignes décortiquées

1 canard

45 ml/3 cuillères à soupe d'huile d'arachide

250 ml/8 fl oz/1 tasse de bouillon de poulet

45 ml/3 cuillères à soupe de sauce soja

15 ml/1 cuillère à soupe de vin de riz ou de xérès sec

5 ml/1 cuillère à café de sel

1 tranche de racine de gingembre hachée

1 grosse poire, pelée et coupée en tranches épaisses

15 ml/1 cuillère à soupe de sucre

Faites bouillir les châtaignes pendant 15 minutes puis égouttez-les. Coupez le canard en morceaux de 5 cm/2. Faites chauffer l'huile et faites frire le canard jusqu'à ce qu'il soit légèrement doré de tous les côtés. Égoutter l'excès d'huile et ajouter le bouillon, la sauce soja, le vin ou le xérès, le sel et le gingembre. Portez à ébullition, couvrez et laissez cuire 25 minutes en remuant de temps en temps. Ajoutez les châtaignes, couvrez et laissez cuire encore 15 minutes. Saupoudrer la poire de sucre, la mettre dans la poêle et cuire environ 5 minutes jusqu'à ce qu'elle soit bien chaude.

Canard laqué

Pour 6 personnes

1 canard

250 ml/8 fl oz/1 tasse d'eau

120 ml/4 fl oz/½ tasse de miel

120 ml/4 fl oz/½ tasse d'huile de sésame

Pour les crêpes :

250 ml/8 fl oz/1 tasse d'eau

225 g/8 oz/2 tasses de farine nature (tout usage)

huile d'arachide (arachide) pour la friture

Pour les plongées :

120 ml/4 fl oz/½ tasse de sauce hoisin
30 ml/2 cuillères à soupe de cassonade
30 ml/2 cuillères à soupe de sauce soja
5 ml/1 cuillère à café d'huile de sésame
6 oignons verts (ciboulette), coupés dans le sens de la longueur
1 concombre coupé en lanières

Le canard doit être entier et avec la peau intacte. Attachez fermement le cou avec de la ficelle et cousez ou percez l'ouverture inférieure. Faites une petite incision sur le côté du cou, insérez une paille et soufflez sous la peau jusqu'à ce qu'elle gonfle. Suspendez le canard au-dessus d'une bassine et laissez-le pendre 1 heure.

Portez une casserole d'eau à ébullition, ajoutez le canard et faites bouillir 1 minute, puis retirez et séchez bien. Portez l'eau à ébullition et incorporez le miel. Frottez le mélange sur la peau du canard jusqu'à saturation. Suspendez le canard au-dessus d'une bassine dans un endroit frais et aéré pendant environ 8 heures jusqu'à ce que la peau devienne dure.

Suspendez le canard ou placez-le sur une grille au-dessus d'une plaque à rôtir et faites-le rôtir dans un four préchauffé à

180°C/350°F/thermostat 4 pendant environ 1 heure et demie en l'arrosant régulièrement d'huile de sésame.

Pour réaliser les crêpes, faites bouillir l'eau et ajoutez progressivement la farine. Pétrissez légèrement jusqu'à obtenir une pâte molle, couvrez d'un linge humide et laissez reposer 15 minutes. Étalez-la sur une surface farinée et formez un long cylindre. Couper en tranches de 2,5 cm/1 pouce, aplatir à environ 5 mm/¼ d'épaisseur et badigeonner le dessus d'huile. Empilez-les par paires, les surfaces huilées se touchant et saupoudrez légèrement l'extérieur de farine. Étalez-les en paires sur environ 10 cm de diamètre et faites-les cuire par paires pendant environ 1 minute de chaque côté jusqu'à ce qu'elles soient légèrement dorées. Séparez et empilez jusqu'au moment de servir.

Préparez les sauces en mélangeant la moitié de la sauce hoisin avec le sucre et en mélangeant le reste de la sauce hoisin avec la sauce soja et l'huile de sésame.

Sortez le canard du four, coupez la peau et coupez-la en carrés et coupez la viande en cubes. Disposer sur des assiettes séparées et servir avec des crêpes, des sauces et des accompagnements.

Canard rôti à l'ananas

Pour 4 personnes

1 canard
400 g/14 oz de morceaux d'ananas en conserve au sirop
45 ml/3 cuillères à soupe de sauce soja
5 ml/1 cuillère à café de sel
pincée de poivre fraîchement moulu

Placer le canard dans une casserole à fond épais, couvrir d'eau, porter à ébullition, couvrir et laisser cuire 1 heure. Égouttez le sirop d'ananas dans la poêle avec la sauce soja, salez et poivrez, couvrez et laissez cuire encore 30 minutes. Ajoutez les morceaux d'ananas et laissez cuire encore 15 minutes jusqu'à ce que le canard soit tendre.

Canard Frit à l'Ananas

Pour 4 personnes

1 canard
45 ml/3 cuillères à soupe de farine de maïs (amidon de maïs)
45 ml/3 cuillères à soupe de sauce soja
225 g/8 oz d'ananas en conserve au sirop

45 ml/3 cuillères à soupe d'huile d'arachide
2 tranches de racine de gingembre, coupées en lanières
15 ml/1 cuillère à soupe de vin de riz ou de xérès sec
5 ml/1 cuillère à café de sel

Coupez la viande de l'os et coupez-la en morceaux. Mélangez la sauce soja avec 30 ml/2 cuillères à soupe de maïzena et incorporez-la au canard jusqu'à ce qu'il soit bien enrobé. Laissez reposer 1 heure en remuant de temps en temps. Écrasez l'ananas et le sirop et faites chauffer doucement dans une poêle. Mélangez le reste de farine de maïs avec un peu d'eau, ajoutez-le dans la poêle et faites cuire en remuant jusqu'à ce que la sauce épaississe. Rester au chaud. Faites chauffer l'huile et faites frire le gingembre jusqu'à ce qu'il soit légèrement doré, puis jetez le gingembre. Ajouter le canard et faire revenir jusqu'à ce qu'il soit légèrement doré de tous les côtés. Ajoutez le vin ou le xérès et le sel et faites revenir encore quelques minutes jusqu'à ce que le canard soit bien cuit. Disposez le canard sur une assiette chaude, versez dessus la sauce et servez aussitôt.

Canard à l'Ananas et au Gingembre

Pour 4 personnes
1 canard
100 g de gingembre mariné au sirop

200 g de morceaux d'ananas en conserve au sirop
5 ml/1 cuillère à café de sel
15 ml/1 cuillère à soupe de farine de maïs (amidon de maïs)
30 ml/2 cuillères à soupe d'eau

Placez le canard dans un bol résistant à la chaleur et placez-le dans une casserole remplie d'eau aux deux tiers de la hauteur des parois du bol. Porter à ébullition, couvrir et laisser mijoter environ 2 heures jusqu'à ce que le canard soit tendre. Retirez le canard et laissez-le refroidir légèrement. Retirez la peau et les os et coupez le canard en morceaux. Disposer sur une assiette de service et réserver au chaud.

Égouttez le sirop de gingembre et d'ananas dans une casserole, ajoutez le sel, la farine de maïs et l'eau. Porter à ébullition en remuant et cuire quelques minutes en remuant jusqu'à ce que la sauce s'éclaircisse et épaississe. Ajoutez le gingembre et l'ananas, remuez et versez sur le canard pour servir.

Canard à l'Ananas et Litchis

Pour 4 personnes
4 magrets de canard
15 ml/1 cuillère à soupe de sauce soja

1 gousse d'anis étoilé

1 tranche de racine de gingembre

huile d'arachide (arachide) pour la friture

90 ml/6 cuillères à soupe de vinaigre de vin

100 g/4 oz/½ tasse de cassonade

250 ml/8 fl oz/½ tasse de bouillon de poulet

15 ml/1 cuillère à soupe de ketchup aux tomates (ketchup)

200 g de morceaux d'ananas en conserve au sirop

15 ml/1 cuillère à soupe de farine de maïs (amidon de maïs)

6 litchis en conserve

6 cerises au marasquin

Mettre les canards, la sauce soja, l'anis et le gingembre dans une casserole et couvrir d'eau froide. Porter à ébullition, écumer, couvrir et laisser cuire environ 45 minutes jusqu'à ce que le canard soit bien cuit. Égoutter et sécher. Faire revenir dans l'huile très chaude jusqu'à ce qu'il soit croustillant.

Pendant ce temps, mélangez le vinaigre de vin, le sucre, le bouillon, le ketchup aux tomates et 30 ml/2 cuillères à soupe de sirop d'ananas dans une casserole, portez à ébullition et laissez cuire environ 5 minutes jusqu'à épaississement. Ajoutez les fruits et faites chauffer avant de verser sur le canard au moment de servir.

Canard au Porc et Châtaignes

Pour 4 personnes

6 champignons chinois séchés
1 canard
225 g de châtaignes décortiquées
225 g/8 oz de porc maigre, coupé en cubes
3 ciboulette (ciboulette), hachée
1 tranche de racine de gingembre hachée
250 ml/8 fl oz/1 tasse de sauce soja
900 ml/1½ point/3¾ tasses d'eau

Faites tremper les champignons dans l'eau tiède pendant 30 minutes puis égouttez-les. Jetez les tiges et coupez les sommets. Placer dans une grande casserole avec tous les ingrédients restants, porter à ébullition, couvrir et laisser cuire environ 1 heure et demie jusqu'à ce que le canard soit cuit.

Canard aux pommes de terre

Pour 4 personnes

75 ml/5 cuillères à soupe d'huile d'arachide

1 canard

3 gousses d'ail écrasées

30 ml/2 cuillères à soupe de sauce aux haricots noirs

10 ml/2 cuillères à café de sel

1,2 l/2 points/5 tasses d'eau

2 poireaux, tranchés grossièrement

15 ml/1 cuillère à soupe de sucre

45 ml/3 cuillères à soupe de sauce soja

60 ml/4 cuillères à soupe de vin de riz ou de xérès sec

1 gousse d'anis étoilé

900 g de pommes de terre, tranchées épaisses

½ tête de feuilles chinoises

15 ml/1 cuillère à soupe de farine de maïs (amidon de maïs)

30 ml/2 cuillères à soupe d'eau

brins de persil plat

Faites chauffer 60 ml/4 cuillères à soupe d'huile et faites frire le canard jusqu'à ce qu'il soit doré de tous les côtés. Nouez ou cousez le bout du cou et placez le canard, cou vers le bas, dans un bol profond. Faites chauffer le reste de l'huile et faites revenir l'ail jusqu'à ce qu'il soit légèrement doré. Ajouter la sauce aux haricots noirs et le sel et faire revenir 1 minute. Ajouter l'eau, les poireaux, le sucre, la sauce soja, le vin ou le xérès et l'anis étoilé et porter à ébullition. Versez 120 ml/8 fl oz/1 tasse du mélange dans la cavité du canard et attachez ou cousez pour fixer. Portez à ébullition le reste du mélange dans la casserole. Ajoutez le canard et les pommes de terre, couvrez et laissez cuire 40 minutes en retournant le canard une fois. Disposez les feuilles chinoises sur une assiette de service. Retirez le canard de la poêle, coupez-le en morceaux de 5 cm/2 et disposez-le sur une assiette de service avec les pommes de terre. Mélangez la maïzena avec l'eau jusqu'à obtenir une pâte, mélangez dans la poêle et faites cuire en remuant jusqu'à ce que la sauce épaississe.

Canard bouilli rouge

Pour 4 personnes

1 canard
4 oignons nouveaux (ciboulette), coupés en morceaux
2 tranches de racine de gingembre, coupées en lanières
90 ml/6 cuillères à soupe de sauce soja
45 ml/3 cuillères à soupe de vin de riz ou de xérès sec
10 ml/2 cuillères à café de sel
10 ml/2 cuillères à café de sucre

Placer le canard dans une casserole épaisse, couvrir d'eau et porter à ébullition. Ajoutez la ciboulette, le gingembre, le vin ou le xérès et le sel, couvrez et laissez cuire environ 1 heure. Ajoutez le sucre et laissez cuire encore 45 minutes jusqu'à ce que le canard soit tendre. Découpez le canard dans une assiette de service et servez chaud ou froid, avec ou sans sauce.

Canard rôti au vin de riz

Pour 4 personnes

1 canard

500 ml/14 fl oz/1¾ tasse de vin de riz ou de xérès sec

5 ml/1 cuillère à café de sel

45 ml/3 cuillères à soupe de sauce soja

Mettez le canard avec le xérès et le sel dans une poêle à fond épais, portez à ébullition, couvrez et laissez cuire 20 minutes. Égouttez le canard en réservant le liquide et frottez-le avec la sauce soja. Placer sur une grille dans une rôtissoire avec un peu d'eau chaude et mettre au four préchauffé à 180°C/350°F/thermostat 4 pendant environ 1 heure en arrosant régulièrement avec le vin réservé.

Canard cuit à la vapeur avec du vin de riz

Pour 4 personnes

1 canard
4 oignons nouveaux (ciboulette), coupés en deux
1 tranche de racine de gingembre hachée
250 ml/8 fl oz/1 tasse de vin de riz ou de xérès sec
30 ml/2 cuillères à soupe de sauce soja
pincée de sel

Blanchir le canard dans l'eau bouillante pendant 5 minutes puis l'égoutter. Placer dans un bol résistant à la chaleur avec le reste des ingrédients. Placez le bol dans une casserole remplie d'eau jusqu'aux deux tiers de la hauteur des parois du bol. Porter à ébullition, couvrir et laisser mijoter environ 2 heures jusqu'à ce que le canard soit tendre. Jeter les oignons nouveaux et le gingembre avant de servir.

Canard Salé

Pour 4 personnes

45 ml/3 cuillères à soupe d'huile d'arachide

4 magrets de canard

3 oignons verts (oignons verts), tranchés

2 gousses d'ail écrasées

1 tranche de racine de gingembre hachée

250 ml/8 fl oz/1 tasse de sauce soja

30 ml/2 cuillères à soupe de vin de riz ou de xérès sec

30 ml/2 cuillères à soupe de cassonade

5 ml/1 cuillère à café de sel

450 ml/¾ pt/2 tasses d'eau

15 ml/1 cuillère à soupe de farine de maïs (amidon de maïs)

Faites chauffer l'huile et faites frire les magrets de canard jusqu'à ce qu'ils soient dorés. Ajoutez les oignons nouveaux, l'ail et le gingembre et faites revenir 2 minutes. Ajouter la sauce soja, le vin ou le xérès, le sucre et le sel et bien mélanger. Ajouter l'eau, porter à ébullition, couvrir et laisser cuire environ 1 heure et demie jusqu'à ce que la viande soit bien tendre. Mélangez la maïzena avec un peu d'eau, mélangez dans la poêle et faites cuire en remuant jusqu'à ce que la sauce épaississe.

Canard Salé Aux Haricots Verts

Pour 4 personnes
45 ml/3 cuillères à soupe d'huile d'arachide
4 magrets de canard
3 oignons verts (oignons verts), tranchés
2 gousses d'ail écrasées
1 tranche de racine de gingembre hachée
250 ml/8 fl oz/1 tasse de sauce soja
30 ml/2 cuillères à soupe de vin de riz ou de xérès sec
30 ml/2 cuillères à soupe de cassonade
5 ml/1 cuillère à café de sel
450 ml/¾ pt/2 tasses d'eau
225 g de haricots verts
15 ml/1 cuillère à soupe de farine de maïs (amidon de maïs)

Faites chauffer l'huile et faites frire les magrets de canard jusqu'à ce qu'ils soient dorés. Ajoutez les oignons nouveaux, l'ail et le gingembre et faites revenir 2 minutes. Ajouter la sauce soja, le vin ou le xérès, le sucre et le sel et bien mélanger. Ajouter l'eau, porter à ébullition, couvrir et cuire environ 45 minutes. Ajoutez les haricots, couvrez et laissez cuire encore 20 minutes.

Mélangez la maïzena avec un peu d'eau, mélangez dans la poêle et faites cuire en remuant jusqu'à ce que la sauce épaississe.

Canard mijoté

Pour 4 personnes

1 canard

50 g/2 oz/½ tasse de farine de maïs (amidon de maïs)

huile de friture

2 gousses d'ail écrasées

30 ml/2 cuillères à soupe de vin de riz ou de xérès sec

30 ml/2 cuillères à soupe de sauce soja

5 ml/1 cuillère à café de racine de gingembre râpée

750 ml/1 ¼ pts/3 tasses de bouillon de poulet

4 champignons chinois séchés

225 g/8 oz de pousses de bambou, tranchées

225 g/8 oz de châtaignes d'eau, tranchées

10 ml/2 cuillères à café de sucre

pincée de poivre

5 oignons verts (oignons verts), tranchés

Coupez le canard en morceaux de la taille d'une portion. Réservez 30 ml/2 cuillères à soupe de maïzena et enrobez le canard avec le reste de maïzena. Dépoussiérez tout excédent. Faites chauffer l'huile et faites revenir l'ail et le canard jusqu'à ce qu'ils soient légèrement dorés. Retirer de la poêle et égoutter sur du papier absorbant. Placer le canard dans une grande poêle. Incorporer le vin ou le xérès, 15 ml/1 cuillère à soupe de sauce soja et le gingembre. Ajouter à la poêle et cuire à feu vif pendant 2 minutes. Ajouter la moitié du bouillon, porter à ébullition, couvrir et laisser mijoter environ 1 heure jusqu'à ce que le canard soit tendre.

Pendant ce temps, faites tremper les champignons dans l'eau tiède pendant 30 minutes puis égouttez-les. Jetez les tiges et coupez les sommets. Ajoutez les champignons, les pousses de bambou et les châtaignes d'eau au canard et faites cuire en remuant fréquemment pendant 5 minutes. Retirez toute graisse du liquide. Mélangez le reste du bouillon, la semoule de maïs et la sauce soja avec le sucre et le poivre et mélangez dans la poêle. Porter à ébullition en remuant et cuire environ 5 minutes jusqu'à ce que la sauce épaississe. Transférer dans un bol chauffé et servir garni d'oignons nouveaux.

Canard Frit

Pour 4 personnes

1 blanc d'oeuf légèrement battu

20 ml/1½ cuillères à soupe de farine de maïs (amidon de maïs)

sel

450 g/1 lb de magret de canard émincé

45 ml/3 cuillères à soupe d'huile d'arachide

2 oignons nouveaux (ciboulette), coupés en lanières

1 poivron vert coupé en lanières

5 ml/1 cuillère à café de vin de riz ou de xérès sec

75 ml/5 cuillères à soupe de bouillon de poulet

2,5 ml/½ cuillère à café de sucre

Battez le blanc d'œuf avec 15 ml/1 cuillère à soupe de maïzena et une pincée de sel. Ajouter les tranches de canard et mélanger jusqu'à ce que le canard soit enrobé. Faites chauffer l'huile et faites frire le canard jusqu'à ce qu'il soit cuit et doré. Retirez le canard de la poêle et égouttez-le sauf 30 ml/2 cuillères à soupe d'huile. Ajoutez la ciboulette et le poivre et faites revenir 3 minutes. Ajouter le vin ou le xérès, le bouillon et le sucre et porter à ébullition. Mélanger le reste de farine de maïs avec un peu d'eau, incorporer à la sauce et cuire en remuant jusqu'à ce que la sauce épaississe. Ajouter le canard, chauffer et servir.

Canard à la Patate Douce

Pour 4 personnes

1 canard

250 ml/8 fl oz/1 tasse d'huile d'arachide (cacahuète)

225 g/8 oz de patates douces, pelées et coupées en dés

2 gousses d'ail écrasées

1 tranche de racine de gingembre hachée

2,5 ml/½ cuillère à café de cannelle

2,5 ml/½ cuillère à café de clous de girofle moulus

pincée d'anis moulu

5 ml/1 cuillère à café de sucre

15 ml/1 cuillère à soupe de sauce soja

250 ml/8 fl oz/1 tasse de bouillon de poulet

15 ml/1 cuillère à soupe de farine de maïs (amidon de maïs)

30 ml/2 cuillères à soupe d'eau

Coupez le canard en morceaux de 5 cm/2. Faites chauffer l'huile et faites frire les pommes de terre jusqu'à ce qu'elles soient dorées. Retirez-les de la poêle et égouttez tout sauf 30 ml/2 cuillères à soupe d'huile. Ajoutez l'ail et le gingembre et faites revenir pendant 30 secondes. Ajouter le canard et faire revenir jusqu'à ce qu'il soit légèrement doré de tous les côtés. Ajouter les épices, le sucre, la sauce soja et le bouillon et porter à ébullition. Ajouter les pommes de terre, couvrir et cuire environ 20 minutes jusqu'à ce que le canard soit tendre. Mélangez la maïzena avec l'eau jusqu'à obtenir une pâte, mélangez dans la poêle et faites cuire en remuant jusqu'à ce que la sauce épaississe.

Canard aigre-doux

Pour 4 personnes

1 canard

1,2 l/2 points/5 tasses de bouillon de poulet

2 oignons

2 carottes

2 gousses d'ail tranchées

15 ml/1 cuillère à soupe d'assaisonnement pour marinades

10 ml/2 cuillères à café de sel

10 ml/2 cuillère à café d'huile d'arachide

6 ciboulette (ciboulette), hachée

1 mangue pelée et coupée en cubes

12 litchis, coupés en deux

15 ml/1 cuillère à soupe de farine de maïs (amidon de maïs)

15 ml/1 cuillère à soupe de vinaigre de vin

10 ml/2 cuillère à café de purée de tomates (pâte)
15 ml/1 cuillère à soupe de sauce soja
5 ml/1 cuillère à café de poudre aux cinq épices
300 ml/½ pt/1¼ tasse de bouillon de poulet

Disposez le canard dans un panier vapeur sur une poêle contenant le bouillon, l'oignon, les carottes, l'ail, l'assaisonnement pour cornichons et le sel. Couvrir et cuire à la vapeur pendant 2 1/2 heures. Refroidissez le canard, couvrez et réfrigérez pendant 6 heures. Retirez la viande des os et coupez-la en cubes. Faites chauffer l'huile et faites revenir le canard et la ciboulette jusqu'à ce qu'ils soient croustillants. Ajouter le reste des ingrédients, porter à ébullition et cuire 2 minutes en remuant jusqu'à ce que la sauce épaississe.

Canard mandarine

Pour 4 personnes
1 canard
60 ml/4 cuillères à soupe d'huile d'arachide
1 morceau de zeste de mandarine séché
900 ml/1½ points/3¾ tasses de bouillon de poulet

5 ml/1 cuillère à café de sel

Suspendez le canard pour qu'il sèche pendant 2 heures. Faites chauffer la moitié de l'huile et faites revenir le canard jusqu'à ce qu'il soit légèrement doré. Transférer dans un grand bol résistant à la chaleur. Faites chauffer le reste de l'huile et faites revenir le zeste de mandarine pendant 2 minutes puis placez-le à l'intérieur du canard. Versez le bouillon sur le canard et assaisonnez de sel. Placez le bol sur une grille dans un cuiseur vapeur, couvrez et faites cuire à la vapeur pendant environ 2 heures jusqu'à ce que le canard soit tendre.

Canard aux Légumes

Pour 4 personnes

1 gros canard coupé en 16 morceaux

sel

300 ml/½ pt/1¼ tasse d'eau

300 ml/½ pt/1¼ tasse de vin blanc sec

120 ml/4 fl oz/½ tasse de vinaigre de vin

45 ml/3 cuillères à soupe de sauce soja

30 ml/2 cuillères à soupe de sauce aux prunes

30 ml/2 cuillères à soupe de sauce hoisin

5 ml/1 cuillère à café de poudre aux cinq épices

6 ciboulette (ciboulette), hachée

2 carottes hachées

5 cm de radis blanc haché

50 g/2 oz de chou chinois, coupé en dés

poivre fraîchement moulu

5 ml/1 cuillère à café de sucre

Placez les morceaux de canard dans un bol, saupoudrez de sel et ajoutez l'eau et le vin. Ajouter le vinaigre de vin, la sauce soja, la sauce aux prunes, la sauce hoisin et la poudre aux cinq épices, porter à ébullition, couvrir et laisser mijoter environ 1 heure. Ajoutez les légumes dans la poêle, retirez le couvercle et laissez cuire encore 10 minutes. Assaisonner de sel, poivre et sucre et laisser refroidir. Couvrir et réfrigérer toute la nuit. Retirez le gras et réchauffez le canard dans la sauce pendant 20 minutes.

Canard Frit Aux Légumes

Pour 4 personnes

4 champignons chinois séchés
1 canard
10 ml/2 cuillère à café de farine de maïs (amidon de maïs)
15 ml/1 cuillère à soupe de sauce soja
45 ml/3 cuillères à soupe d'huile d'arachide
100 g/4 oz de pousses de bambou, coupées en lanières
50 g de châtaignes d'eau coupées en lanières
120 ml/4 fl oz/½ tasse de bouillon de poulet
15 ml/1 cuillère à soupe de vin de riz ou de xérès sec
5 ml/1 cuillère à café de sel

Faites tremper les champignons dans l'eau tiède pendant 30 minutes puis égouttez-les. Jetez les tiges et coupez le dessus en cubes. Retirez la viande des os et coupez-la en morceaux. Mélangez la farine de maïs et la sauce soja, ajoutez-les à la viande de canard et laissez reposer 1 heure. Faites chauffer l'huile et faites frire le canard jusqu'à ce qu'il soit légèrement doré de tous les côtés. Retirer de la poêle. Ajoutez les champignons, les pousses de bambou et les châtaignes d'eau dans la poêle et faites revenir 3 minutes. Ajoutez le bouillon, le vin ou le xérès et le sel, portez à ébullition et laissez cuire 3 minutes. Remettez le canard dans la poêle, couvrez et laissez cuire encore 10 minutes jusqu'à ce que le canard soit tendre.

Compote de Canard Blanc

Pour 4 personnes

1 tranche de racine de gingembre hachée
250 ml/8 fl oz/1 tasse de vin de riz ou de xérès sec
sel et poivre fraîchement moulu
1 canard
3 ciboulette (ciboulette), hachée
5 ml/1 cuillère à café de sel
100 g/4 oz de pousses de bambou, tranchées
100 g/4 oz de jambon fumé, tranché

Mélangez le gingembre, 15 ml/1 cuillère à soupe de vin ou de xérès, un peu de sel et de poivre. Répartissez-le sur le canard et laissez reposer 1 heure. Placez la volaille dans une casserole à fond épais avec la marinade et ajoutez la ciboulette et le sel. Ajoutez juste assez d'eau froide pour couvrir le canard, portez à ébullition, couvrez et laissez cuire environ 2 heures jusqu'à ce que le canard soit tendre. Ajoutez les pousses de bambou et le jambon et laissez cuire encore 10 minutes.

Canard au vin

Pour 4 personnes

1 canard
15 ml/1 cuillère à soupe de sauce aux haricots jaunes
1 oignon émincé
1 bouteille de vin blanc sec

Frotter l'intérieur et l'extérieur du canard avec la sauce aux haricots jaunes. Placez l'oignon à l'intérieur de la cavité. Dans une grande casserole, porter le vin à ébullition, ajouter le canard, remettre à ébullition, couvrir et cuire le plus doucement possible pendant environ 3 heures jusqu'à ce que le canard soit tendre. Égoutter et couper pour servir.

Canard Vin-Vapeur

Pour 4 personnes

1 canard
sel de céleri
200 ml/7 fl oz/petit 1 tasse de vin de riz ou de xérès sec
30 ml/2 cuillères à soupe de persil frais haché

Frottez le canard avec du sel de céleri à l'intérieur et à l'extérieur et placez-le dans un plat profond allant au four. Placez un verre résistant à la chaleur contenant le vin dans la cavité du canard. Placer le plat sur une grille dans un cuiseur vapeur, couvrir et cuire dans l'eau bouillante pendant environ 2 heures jusqu'à ce que le canard soit tendre.

www.ingramcontent.com/pod-product-compliance
Lightning Source LLC
Chambersburg PA
CBHW071854110526
44591CB00011B/1413